MAURICE BARRÈS

DU SANG, DE LA VOLUPTÉ ET DE LA MORT

UN AMATEUR D'AMES
VOYAGE EN ESPAGNE
VOYAGE EN ITALIE, &c.

DEUXIÈME MILLE

PARIS
BIBLIOTHÈQUE-CHARPENTIER
G. CHARPENTIER et E. FASQUELLE, ÉDITEURS
11, RUE DE GRENELLE, 11

1894

DU SANG, DE LA VOLUPTÉ
ET DE LA MORT

ŒUVRES DE MAURICE BARRÈS

* Sous l'Œil des Barbares (précédé d'un Essai sur le *Culte du Moi*).
** Un Homme libre.
*** Le Jardin de Bérénice.
L'Ennemi des Lois.
Du Sang, de la Volupté et de la Mort.

BROCHURES

Huit jours chez M. Renan.
Trois stations de Psychothérapie.
Toute licence sauf contre l'Amour.

THÉATRE

Une Journée Parlementaire, comédie de mœurs en trois actes.

POUR PARAITRE PROCHAINEMENT

Leurs Figures, grand roman populaire sur la vie publique en France.
Amori et dolori sacrum.

MAURICE BARRÈS

DU SANG, DE LA VOLUPTÉ

ET DE LA MORT

UN AMATEUR D'AMES
VOYAGE EN ESPAGNE
VOYAGE EN ITALIE, etc.

PARIS
BIBLIOTHÈQUE-CHARPENTIER
G. CHARPENTIER ET E. FASQUELLE, ÉDITEURS
11, RUE DE GRENELLE, 11
—
1894

DU SANG, DE LA VOLUPTÉ ET DE LA MORT

SUR LA MORT DE L'AMI

A QUI CE LIVRE EST DÉDIÉ

En juin 89 est mort un jeune homme de vingt-six ans, M. Jules Tellier, surpris par une maladie au cours d'un voyage d'agrément. Sa vie trop brève et les circonstances ne lui ont pas permis de se faire connaître du public, mais cet inconnu doit être considéré comme un des logiciens du sentiment les plus extraordinaires que compte notre littérature. Les soins fraternels de MM. Charles Le Goffic, Paul Guigou, Charles Maurras et plus particulièrement de M. Raymond de La Tailhède ont assemblé des pages éparses où il a té-

moigné son génie. Choses nobles et tristes, ces « Reliques de Jules Tellier », fragments qui chez le lecteur sûrement évoquent de la beauté, mais ne lui donneront pas l'image qui se maintient encore à mon côté.

Il a sombré, ne laissant dans l'histoire littéraire, pour indiquer la place qu'il méritait, que cinq ou six cents lignes ! Quelques gouttes d'huile ballottées sur la mer. Les meilleurs ayant lu cela célébreront M. Jules Tellier dans leur mémoire et diront : Ce jeune homme a pris en soi une conscience nette de ces mêmes ardeurs que nous ressentons, et il les a congelées dans des paroles harmonieuses. Bel éloge ! et pourtant j'estime qu'il eût mieux valu mettre dans le cercueil de notre ami toute sa destinée et enterrer avec son corps son âme.

J'aurais voulu soustraire la mémoire de Jules Tellier au commentaire des personnes de la plus basse qualité qui chaque jour insultent des noms de sceptique et dilettante des esprits comme celui-ci, qui fut dédaigneux du médiocre et passionné de ses propres idées. La mise en vente de son œuvre me répugne. Je voudrais assurer à ce mort le plein bénéfice de la mort.

En effet, d'après les longs entretiens que j'eus avec Tellier et parce que nous sentions d'accord sur la plupart des points, je pense qu'il tenait le succès posthume comme une circonstance dénuée d'intérêt. C'est déjà une étrange manie chez un vivant de se raconter au public. Notre excuse, c'est certain besoin irrésistible d'observer et de formuler nos sentiments; il s'y joint aussi quelque vanité d'occuper les hommes et de s'en faire admirer. Mais rien de ces raisonnements ne survit à l'agonie. Un littérateur dans le monde fait déjà un étrange animal; comment justifier un littérateur posthume? Puisqu'à Jules Tellier la vie échappa, il fallait lui laisser la juste compensation d'échapper lui-même à la vie. Les plus mortes morts sont toujours les meilleures.

Je fus seul dans mon opinion. Du moins cette édition posthume ne tomba pas dans la vente publique, on ne la remit qu'à des souscripteurs, et par ce détour M. Raymond de La Tailhède maintint à cette publication le caractère réservé que je souhaitais.

Ainsi survivent les proses glacées où notre ami, qui aima fiévreusement l'amitié, la beauté et le désespoir, a amalgamé dans une matière ad-

mirable ses trois complaisances. Comme s'il avait prévu que ces morceaux ne paraîtraient jamais qu'avec le liséré d'un faire part, il leur a donné à tous la majesté de la mort. Le discours à la bien-aimée qui commence par ces mots : « Je suis né, ô bien-aimée, un vendredi, treizième jour d'un mois d'hiver, dans un pays brumeux, sur les bords d'une mer septentrionale », *la divine paraphrase du poète Rutilius Numentianus intitulée* : Rerum pulcherrima Roma, *puis le nocturne qui débute* : « Nous quittâmes la Gaule sur un vaisseau qui partait de Massilia, un soir d'automne, à la tombée de la nuit » *et cet autre* : « Vous avez abusé du chant divin et vous en avez fait je ne sais quoi de mécanique et de machinal où vous vous complaisez et dont vous mourez », *tous ces discours ardents ont le timbre des chants que l'Église psalmodie sur les cercueils, et il s'en exhale un parfum semblable à l'odeur que laissent dans les temples les fleurs et la cire des enterrements.*

Dans cette prose d'un sombre éclat, je distingue l'image confuse mais certaine de mon ami. Ces phrases, faisant miroir à la façon des bois durs et des métaux polis, nous reflètent l'essentiel de sa physionomie et le dessin de son attitude,

A LA MÉMOIRE DE JULES TELLIER

QUI EUT LA TRADITION DE LA LANGUE FRANÇAISE

comme s'il se courbait encore sur elles pour les travailler.

Mais elles ont gardé mieux encore que le regard enfoncé et droit, mieux que le rare sourire, mieux que le front entêté de notre ami; par la magie de son art et l'intensité de sa passion, Jules Tellier a solidifié là les traits principaux de l'univers intangible et invisible qu'il cultivait en lui. C'est ainsi que plusieurs qui croyaient le connaître et ne fréquentaient en réalité que sa partie périssable apprendront de cette œuvre, aussi brève qu'une inscription funéraire, à respecter l'adolescent qu'ils enterrèrent sans convenance.

Jules Tellier, d'ailleurs, avait l'extérieur le plus grisâtre qu'on pût imaginer, un long corps, une figure terne avec des arêtes vives et dans les yeux une ardeur si douloureuse que nul, j'imagine, ne put être son compagnon quelques heures sans se sentir pénétré de cette même fièvre qui effrayait en lui. Sa voix était la plus sourde que j'aie entendue, et le ton monotone avec lequel il déroulait, dans une langue d'une merveilleuse solidité, ses explications de logicien et de grand rhéteur faisait de sa conversation un inoubliable contraste de frénésie et de glace. Il ressentait violemment les insuffisances de la vie, mais il les acceptait, et nul moins que lui ne fut un révolté. Nous rendions en commun un culte à Sénèque, qui fut peut-être le thème le plus fréquent de nos entretiens. La constitution délicate, l'inquiétude et l'indulgence de ce grand calomnié nous enchantaient. Bien supérieur à ces stoïciens dont il affectait de se réclamer, Sénèque accepta la vie de son siècle sans rien en bouder; simplement toutes ses relations avec les choses et avec les hommes étaient commandées par le sentiment intense qu'il faudra mourir et que nous vivons au milieu de choses qui doivent périr. L'ascétisme très réel de Sénèque n'est pas de se priver, mais de mésestimer ce dont il use. Par là, mieux qu'aucun il enseigne la résignation, mais chez lui jamais elle ne prend de basses attitudes. Il fut le maître de Jules Tellier.

Si les affres de l'agonie ne furent pas trop douloureuses à mon ami, — et je ne pourrai avant que les années aient empli d'ombre son souvenir en moi, supporter qu'on me renseigne là-dessus, — je suis assuré qu'il a passé sans amertume et plutôt avec un sentiment de délivrance. Son visage avait une extrême douceur dans cet affreux hôpital de province où il fut porté sur la civière des malades abandonnés. Pauvre visage de vingt-six ans qui, dès les premières atteintes, se détourna vers la mort.

Quand les médecins ne s'inquiétaient pas, il l'avait déjà entendue, elle, comme on devine dans l'escalier le pas d'une personne qui possède notre cœur. Et moi aussi, je savais, d'une certitude absolue, qu'il mourrait jeune et d'une embuscade imprévue; jamais je ne vis une figure plus marquée pour toutes les injustices. Ce pressentiment, M. Jules Lemaître, qui aimait et comprenait Tellier, me l'avait communiqué. Et Tellier lui-même avait coutume de parler d'une joie lumineuse et pure qu'il entrevoyait sans pouvoir en jouir, d'une joie qui, disait-il, naissait sans cause et s'exaltait sans but, véritablement surnaturelle. Il exposait que cette joie se meut suivant le rythme des plus beaux vers et que les grands lyriques irréfléchis seuls en donnent quelque idée. Il la vantait de ce qu'elle nous fait échapper à l'ordinaire de nos soucis et même au remâchement de nos rêves. Il croyait que par un privilège fort rare certains êtres en sont pénétrés avec cette plénitude ineffable que nous ressentons quand nous assistons à la jeunesse du printemps, le matin, et au coucher du soleil sur la mer. Mais il insistait surtout pour me faire entendre que cette joie emprunte l'essentiel de tous les bonheurs, et rejette ce qui est en eux de particulier et de périssable. En vérité, n'est-ce pas la joie de la délivrance qu'il célébrait en de tels termes?

Visiblement son être, à la veille de se transformer dans la mort, commençait déjà à devenir délivré de sa part d'humanité. Nous croyons sentir un être nouveau, qui naîtra de notre cadavre, parfois s'agiter, quand la vie en nous baisse le ton. Et comment en effet cette médiocre existence eût-elle donné à Jules Tellier les éléments de cette joie dont il nous faisait des images si nettes et lumineuses? Universitaire courbé sur des petits collégiens de province, puis jeune homme orgueilleux et timide qui fait à Paris, avec un lent succès, diverses démarches vers la notoriété, il avait bien le droit de penser qu'après tout cela les difficultés intérieures et extérieures, scrupules d'art et blessures de débutant, disparaîtraient. Mais qu'importait au Tellier de la vingtième année les satisfactions probables du Tellier quinquagénaire? C'est d'un homme trop irréfléchi de se consoler avec des espoirs. Et celui-ci d'ailleurs, comme tant de voluptueux, de la réalité n'utilisait que les tristesses.

Est-ce la désolation des derniers jours de Jules Tellier qui rejette un flot de sépia sur toute l'image que je garde de lui? J'ai de ce cher mort un souvenir insupportable. Et c'est en même temps un souvenir d'une netteté si pressante que mes nerfs sont ébranlés de la certitude absurde qu'il va revenir et m'apparaître dans la chambre peu éclairée où, pour parler de son œuvre, je rajeunis notre deuil. Je sens trop qu'avec celui-là est morte une partie de moi-même; des cellules de mon cerveau désormais demeureront paresseuses parce qu'elles ne travaillaient que pour le plaisir de s'accorder avec lui.

Ce n'est pas celui qui mourut à vingt-six ans que je plains, mais ceux à qui faisait plaisir son commerce. Le plus cher des jardins fermés devient insupportable, du jour que l'on y trouve la solitude. Certaines cultures forcées de la sensibilité ne sont agréables, passée la première fougue d'âpreté, que pour en discuter les résultats avec quelque maniaque de notre race. Si tel ami que je sais, et d'une santé trop chancelante, me manquait, comme m'a manqué Tellier, je laisserais se stériliser décidément certaines régions de mon cerveau. Il est fréquent qu'un passionné de tulipes rares se désintéresse de ses plus belles fleurs, du jour que meurt un amateur avec qui c'était son bonheur d'exaspérer sa vaine ardeur.

IDÉOLOGIES PASSIONNÉES

UN AMATEUR D'AMES

Le paysage de Tolède et la rive du Tage sont parmi les choses les plus ardentes et les plus tristes du monde.

Celui qui vit là n'a que faire de considérer le grave jeune homme, le *Penseroso*, de la chapelle Médicis; il peut aussi se dispenser de la biographie et des *Pensées* de Blaise Pascal. Du sentiment même qui est réalisé par ces grandes œuvres solitaires, il sera rempli, s'il s'abandonne à l'âpreté tragique de ces magnificences délabrées sur ces hautes roches.

Tolède sur sa côte, et tenant à ses pieds le demi-cercle jaunâtre du Tage, a la couleur, la rudesse, la fière misère de la sierra où elle campe et dont les fortes articulations donnent, dès l'abord, une impression d'énergie et de passion. C'est moins une ville, chose bruissante et pliée sur les commodités de la vie, qu'un lieu significatif pour l'âme. Sous une lumière crue qui donne à chaque arête de ses ruines une vigueur, une netteté par quoi se sentent affermis les caractères les plus mous, elle est en même temps mystérieuse, avec sa cathédrale tendue vers le ciel, ses alcazars et ses palais qui ne prennent vue que sur leurs invisibles patios. Ainsi secrète et inflexible, dans cet âpre pays surchauffé, Tolède apparaît comme une image de l'exaltation dans la solitude, un cri dans le désert.

C'est sur les rudes pentes qui cerclent l'horizon de Tolède et encaissent à pic le Tage que Delrio avait relevé les ruines d'une maison de plaisance mauresque. Des bâtiments d'un ton orange, un patio avec de beaux puits aux margelles dégradées de marbre, quelques lauriers difficilement entretenus dans ces ravins brûlants, une atmosphère de parfums exprimés par le soleil des lavandes et des benjoins de la montagne, une vue sublime enfin et qui impose des associations d'idées sur la solitude, la mort et la beauté, voilà quel était son domaine sous ce ciel où jamais ne passe une vapeur.

De sa fortune, qui était considérable, Delrio tirait parti, mais elle ne contentait pas son âme. Il avait, et poussé jusqu'à un goût passionné, le sentiment de l'énergie humaine. C'est ainsi qu'il se répétait fréquemment, avec quelque mépris de soi-même, le mot sublime de Napoléon à Sainte-Hélène : « J'ai eu l'art de tirer des hommes tout ce qu'ils peuvent donner. » Dans cette déclaration il reconnaissait celui qui fut un individu et sut créer des individus.

Il croyait entrevoir qu'il est quelque méthode sûre pour donner des passions à des cerveaux. C'est peut-être une fausse conception. Pour agir, l'essentiel ne serait-il pas la collaboration des circonstances? Mais il tenait à son idée simpliste parce que ce lui était une sensation puissante d'envisager le développement historique comme déterminé par des volontés.

Or, pour sa part et avec cette passion de domination morale, il n'avait su s'employer qu'à restituer de l'âme aux vieilles pierres.

Le secret de son impuissance était qu'il ne sentait les choses que du point de vue de l'éternité; il ne les considérait qu'en leur développement, et il lui était impossible d'exagérer les choses présentes comme il le faut pour agir sur les présents. Aussi des torrents de poésie s'amassaient en lui, d'autant plus qu'il ne les utilisait pour la roue d'aucun moulin. Parmi ces ruines et tant de folles énergies qu'elles évoquent, assez rassuré sur ses intérêts pour en avoir de l'insouciance, il s'abîmait en des rêveries ardentes auxquelles il n'avait point su donner d'autre objet que soi-même.

Par son caractère d'éternité, son aspect hors des siècles, Tolède, sur qui ne semblent plus marquer ni les années, tant elle est vieille, ni les événements, tant elle est légendaire, devait profondément contenter cette imagination contractée. Cette exaltante Tolède, voilà la complémentaire désignée pour cet être, enfiévré au point que dans les arts il n'eût trouvé de contentement qu'auprès des violents raccourcis de Pascal et de Michel-Ange, qui eurent, eux aussi, l'âme solitaire et tendue.

Il avait offert à un ermitage, son voisin sur ces roches décharnées et dont le vent du Tage chaque soir lui apportait les sonneries, des cloches du même timbre que possédaient celles qui avaient sonné durant son enfance; non point qu'il gardât dans cette patrie élue un souvenir pieux de son village de France, mais c'était curiosité et complaisance à l'égard du petit garçon qu'il avait été. « Celui-là, pensait-il, n'avait encore rien ajouté à sa nature sincère; à fleur de peau il laissait voir cette part essentielle que je ne puis plus retrouver en moi et sur laquelle il faut agir pour émouvoir profondément un être. »

Parfois des hautes terrasses de son domaine il considérait un nageur perdu tout en bas dans les flots jaunâtres et rapides du Tage, pauvre bonhomme s'efforçant et pareil tout entier à une pince de homard qui s'ouvre et se ferme. « Brave petit être, se disait-il, comme il est touchant quand il fait son travail âprement et tout seul comme une bête! Il n'est prince ou génie qui ne doive se démener des quatre pattes, s'il tombe à l'eau. Voilà le geste instinctif! Il veut se conserver! A quel sentiment faire appel, dans la vie de civilisation, qui soit aussi constant chez les individus que le sens de la conservation? Sur quelle base prendre un appui dans les âmes désintéressées pour les dominer? »

C'est au milieu de ces préoccupations de machinisme moral qu'il en vint à songer à une fille que son père avait eue d'un amour adultère.

Sa sœur! et dans sa dix-neuvième année! Ce souvenir épandit en lui un sentiment de fraîcheur et de volupté. Il désira se l'attacher parce qu'il la devinait formée selon son cœur.

Toute petite, elle avait dû partir pour

l'Égypte avec sa mère chassée pour ses déportements. Orpheline, maintenant, elle vivait chez des parents à Dresde. Elle accepta de quitter la terrasse de Bruhl pour la sierra tolédane.

De tout son voyage, comme elle le dit par la suite, elle retint seulement que des pleurs sans cause lui montaient aux yeux quand le train traversait des villes violemment éclairées sous l'immense silence de la nuit. C'était une petite fille très cérémonieuse, très froide, avec de grandes révérences de couvent et de cour, dans des robes d'une simplicité exquise. Pour qui la comprenait mal, c'était la perfection glacée d'une très jeune femme dans quelque cérémonie d'apparat, mais là-dessous palpitait un cœur susceptible des plus beaux désordres.

Enfant, elle avait pleuré quand on faisait des plaisanteries contre le pape. Sa religion s'était beaucoup développée à être contredite par les protestants. Toute cette petite morale d'enfant de Marie n'est médiocre que si nous la croyons intéressée, hypocrite, mais il y a des cœurs où de tels sentiments ont été posés de naissance et si profondément qu'ils deviennent une parfaite sincérité et de la vraie poésie. Sans doute sa mère, inquiète de ses égarements, avait tenté d'adoucir Dieu par les minuties de sa dévotion, et de l'enfant de son péché avait fait un ex voto.

C'est ce temps-là qui fut le plus heureux de la vie de Delrio. Comme on le savait hospitalier et oisif, et par cette franc-maçonnerie qui relie les cosmopolites, nul voyageur de quelque intérêt ne passait en Espagne qui n'eût une lettre pour la villa de Tolède, et bien peu s'y présentaient qui ne fussent retenus quelques jours. Quand sa sœur fut installée auprès de lui, il put plus aisément recevoir des femmes, société dont il avait le goût. En outre Simone, qui avait le scrupule de toutes les choses délicatement ordonnées, entreprit de réformer le train de cette vie. Des hommes sont toujours sensibles à la règle que veut bien leur donner une jeune femme jolie. D'une maison ouverte jusqu'à paraître une hôtellerie, elle fit une petite cour. Elle sut mettre autour de Delrio une atmosphère, une valeur d'art, une façon de politesse qui laissait mieux toute leur beauté à ses magnifiques contemplations. En détruisant la spontanéité, les violences de la personnalité dans le détail de la vie, on donne d'autant plus d'intensité aux sentiments rares. Une certaine étiquette dans l'ordinaire satisfera toujours et de la même façon qu'un profond silence, ceux qui cultivent un rêve personnel un peu intense. C'est autant de heurts évités.

Dans l'origine, Delrio, parce qu'il aimait la volupté, avait songé à s'installer une vie en Lombardie, qui est presque la douceur viennoise, sur les lacs Majeur ou de Côme, mais les jardins aux syllabes chantantes, Melzi, Sommariva, Giulia et le vieux port de Pallanza eussent moins contenté son âme que ces pentes, pauvres et fortes de style comme les sentiments qui faisaient son ressort. En policant tout autour d'elle, Simone le dispensa de rien regretter : sous cette lumière crue, sur ces montagnes d'une énergie si passionnée, elle lui fut le plus jeune, le plus souriant des jardins.

Elle était toujours vêtue de jaune et de violet, couleurs violentes qu'il préférait à toutes et dont les combinaisons le baignaient d'un plaisir sensuel. Par une bizarrerie d'imagination, il l'avait priée de ne porter comme lingerie que de rudes et grossières toiles ; il lui plaisait que cette façon de cilice atténué le liât constamment dans l'esprit de la jeune fille, à une gêne d'ordre si intime.

Tout le jour il s'occupait de son côté, mais à six heures il aimait sortir avec elle. Le déclin du jour l'émouvait et les choses lui parlaient. Il avait fait dessiner dans la montagne une allée de plain-pied, en terrasse sur la vallée du Tage et sur Tolède. C'était le plus doux et le plus âpre des balcons sur un pays noble et désert comme la mer, mais immobile autant qu'un cimetière. Souvent ils allaient s'asseoir sur un des bancs disposés là, et il n'avait pas de plus grand plaisir que de lui demander ses impressions d'enfance, alors qu'elle était petite et fuyait avec sa mère dans ce rose pays d'Égypte. Elle était faite pour la conversation des anges, tant elle avait de sincérité et de sérieux dans l'expression de ses sentiments. Nul de ses mots ne déformait sa pensée. Elle exprimait parfois des sensations qu'on peut dire mauvaises, mais cela se trahissait naturellement à la surface de ses paroles, comme la rougeur sur les joues d'une jeune femme; elle n'y mettait pas d'intention, et, à bien examiner, ce n'était jamais des choses basses ni injustes. Aussi Delrio comprit assez vite qu'auprès de cette belle petite sœur l'ironie et la méfiance étaient de lourdes inconvenances. Il prit le parti de ne jamais l'interroger, car la plupart de ses questions n'avaient pour elle aucun sens; exactement, il s'en tenait à la respirer, et quand elle lui avait dit de certaines choses très spéciales que lui ressentait aussi, il l'embrassait.

Tout en bas, à leurs pieds, des cavaliers, si petits à cette distance, mais très nobles quand même, traversaient le pont Saint-Martin sous les hautes portes. Le tintement des mulets venait jusqu'à eux, chaque grelot détaillant sa note avec netteté dans l'air sec et chaud. On distinguait dans cette lumière incomparable du soleil déclinant, les guides aux mains des voyageurs, et il y avait entre l'inquiétude vers le bonheur de ces pauvres errants et la magnificence éternelle de ce cirque un contraste dont le sentiment confus animait ce couple silencieux.

Sitôt le soleil incliné, comme il s'emplissait, ce paysage, d'une tristesse déchirante! Un soir, à l'*Ave Maria*, qu'elle avait ses yeux bleus plus grands ouverts et ses lèvres pâlies par la mélancolie du crépuscule comme par le froid, un mot vint aux lèvres de son frère : « O ma Pia! » C'étaient les vers mystérieux du Dante que, si douloureuse, si secrète, elle évoquait pour lui. Et fut-il aussi sublime de désolation que ce cirque de Tolède, le mont expiatoire où le grand poète rencontra celle qui lui dit uniquement : « Qu'il te souvienne de moi, je suis la Pia.

Sienne m'a faite, la Marenne m'a défaite. Il le sait celui qui avait placé à mon doigt l'anneau du mariage! »

Oui, ce milieu où tous ses sentiments étaient cultivés jusqu'à l'excès était précieux à la jeune fille, mais en même temps la détruisait. Elle s'y faisait et s'y défaisait.

Delrio la caressait et la consolait, jusqu'à ce qu'elle eût sous ses paupières des larmes qu'il baisait avec un sentiment de compassion presque insupportable d'acuité, mais qui brisait son cœur délicieusement. « Il me semble, lui disait-il, que j'ai plus de plaisir à te presser dans mes bras que n'en eut notre père à te donner la vie. »

Sur le lac Majeur, dans l'étroite Isola Bella, les Borromées ont accumulé les splendeurs et les curiosités de la végétation de tous les climats. Là, sous un bois de lauriers, exquis par sa nuit élégante et sa fraîcheur, mon pas fit lever vingt colombes, mais si lourdes que j'eusse pu les prendre dans ma main. Qui n'auraient-elles pas touché, demi-ivres ainsi des parfums accumulés sur ces terrasses trop étroites par tant d'arbres de tous les climats! Une telle atmosphère, composée malgré la nature, n'est point respirable. S'y prêter, c'est perdre la notion des réalités. De là le sans défense des vierges nourries dans les temples.

Cette petite fille pure était tout à la fois choquée, comme d'un cynisme, d'une certaine indifférence que cet amateur d'âmes montrait à l'égard des abstractions, des principes, et attendrie de la sympathie qu'elle lui voyait pour ses minuties sentimentales d'être tout jeune : « Mon frère, lui disait-elle, il y a des minutes où je ne vous estime pas, et puis à d'autres instants, je vois bien que vous êtes meilleur que moi! » Elle était étourdie de tant de sentiments, cultivés sur cette étroite terrasse et si peu faits pour être réunis. Ses petites pensées alourdies peu à peu s'effarouchaient moins, et Delrio la prenait toute dans sa main.

Les autres jeunes gens, assez nombreux, qui fréquentaient là, Espagnols ou plus souvent étrangers, considéraient l'enfant comme un gentil bibelot et, selon leur degré d'esthétisme, se satisfaisaient de sa grâce et de son luxe, mais tous lui déplaisaient, sauf un.

Ce privilégié avait une petite âme jolie, de qualité très pure, incapable d'aimer sans estime, en même temps plus prompte à juger les autres qu'à les comprendre. Il avait vingt-quatre ans; à trente-cinq, nul doute qu'il ne devînt de ces gens qui, d'une parfaite bonne foi, conçoivent toujours comme juste ce qui est conforme à leurs intérêts. Avec de la fortune, il n'avait ni talent à mettre en valeur, ni ambition à satisfaire; d'où son souci de la vertu. Au résumé, rien ne vivait en lui, sauf cette petite agitation vers le bonheur par la tendresse qu'on ressent toujours à cet âge. Delrio jugeait médiocre la qualité des idées où s'échauffait cet enfant, mais il pensait qu'on pourrait mieux le nourrir et l'accueillait volontiers, comme un sujet chez qui, à l'occasion, développer quelque passion. Pour l'instant, une âme assez indigente, mais de qui tous les mouvements témoignaient cette grâce intérieure parfaitement exprimée par le regard des jeunes gens de Raphaël ou du Pinturicchio. Très jeune et tel qu'un beau fruit, il éveillait une sensualité que comprendront seuls ceux qui furent tentés parfois, en présence d'un adolescent, d'admettre un troisième sexe, dans lequel on pourrait classer aussi les jeunes animaux.

Pour ce Lucien, la Pia faisait exception de ses sentiments. A lui aussi, quand il était petit, on avait appris de jolies manières! Il avait, comme elle, le goût des parures, s'intéressait aux pantalons fleuris, aux vestes de brocard perlé, aux légères babouches, à ces atours de parade qu'elle mettait parfois, en désœuvrée, pour s'accorder avec les colonnes fluettes, les chapiteaux évasés, les arcs turcs, les plafonds en bois de cèdre, tout le décor oriental du palais. Enfin il participait avec un grand sérieux, en innocent, aux gentils amusements où elle satisfaisait cette vague croyance à l'âme des objets qui ne meurt jamais chez les petites filles élevées dans les contes d'Andersen.

Leur inexpérience les empêchait de distinguer ce qu'il y a d'intéressant, d'émouvant même dans les moindres êtres : ils s'accordaient pour traiter les hôtes de Delrio de « barbares ». Par là, ils voulaient signifier des étrangers avec qui leur sensibilité ne pouvait prendre contact. Froissement, malaise qu'on remarque chez tous les adolescents fortement doués pour sentir, et qui, faisant à ces deux jeunes gens un lien secret, leur constituaient une solitude morale.

La Pia avait pour son frère de la confiance et un regard tendre, mais elle manquait d'intensité. On l'eût dite embarrassée de brouillard. Née pour le rôle que lui souhaitait Delrio, elle n'en faisait pas les gestes. Elle n'était pas encore quelqu'un avec qui il pût être sincère. Il pensa la développer, lui donner le dernier coup de pouce en lui montrant l'Espagne qui est le pays le plus effréné du monde. Dans leurs arts, dans leurs mœurs, les Espagnols ne vont pas chercher midi à quatorze heures; sous un ciel de couleur violente, ils se conforment à leurs sensations. C'est un pays pour sauvage

qui ne sait rien ou pour philosophe qui de tout
est blasé, sauf d'énergie. L'Italie est moins
simple, plus composée : dans sa douceur tu
peux sommeiller, ici tout est brusque et d'un
accent qui mord. Au nord, l'Espagne est
sécheresse : savoureuse quand même, parce
que ce dessèchement est fait de sensibilité
contractée ; au midi, c'est tout sensualité, —
mais qui s'en offenserait ? elle nous emporte
dans le sens de la nature. Dans ce pays double,
ici toute mollesse et là rien que ressort ; la
lutte est éternelle des Castillans contre les
Maures, contre l'enchantement d'Andalousie.
Long effort, puissant contraste d'où sortit le
génie ascétique de sainte Thérèse, des drama-
turges, de tous les artistes et des maisons
royales d'Espagne ! Delrio en espérait beaucoup pour la Pia, jugeant cette opposition
violente aussi efficace, comme excitant moral,
qu'en thérapeutique les douches à jets alternés,
brûlants et glacés.

« Je ferai son âme plus souple et plus forte,
se disait-il. A ses dons célestes de mélancolie

et de grâce, j'ajouterai, dans un âge où toutes les impressions s'incorporent avec nous, la gravité et l'ardeur des maîtres sublimes vers qui je la mène par la main ».

Pour plaire à la jeune fille, Delrio mit Lucien du voyage. Les femmes de chambre de la Pia emportaient ses matelas, ses draps de lit, sans lesquels elle ne pouvait dormir. La petite caravane remonta d'un trait au nord; Delrio voulait exalter sa sœur dans les âpretés de Castille avant de la fondre dans la mollesse d'Andalousie.

Ce fut d'abord l'Escurial qu'il lui montra, comme le lieu de l'ascétisme, la réalisation en granit de l'état d'âme imposé au génie castillan par la notion catholique de la mort.

Monté sur un rocher de cette sombre sierra à laquelle fut imposé l'énorme monastère, d'une régularité si douloureuse dans cet horizon convulsé, quel voyageur n'a subi la puissance de ce paysage dénué d'espérance! Mais la plupart, réagissant contre la contraction de leur âme, retournent très vite à la misérable auberge, en bouffonnant sur l'humeur mélancolique des maçons de Philippe II. Vains efforts pour renier le tremblement de leur être sous la prise du génie castillan !

Delrio, penché sur l'immense Escurial que d'un tertre il dominait, s'abandonnait à l'ivresse du gouffre ascétique, au vertige du catholique courbé sur le problème de la mort ! On a dit : L'homme fait lui seul une conversation qu'il importe de bien régler. Ce paysage, tourmenté par de sombres passions et qui supporte le monastère royal comme une dalle écrasante de granit bleuâtre, lui semblait exactement la *composition de lieu* que présenterait à l'imagination, pour la fixer, un Pascal voulant méditer. Ce roi qui installa sa toute-puissance dans un caveau met sous nos yeux que « la grandeur de l'homme est grande en ce qu'il se connaît misérable ».

Tout le jour Delrio essaya de communiquer ces réflexions à la Pia, tandis qu'ils circulaient à travers les cours lugubres, sous des voûtes glacées où manque l'air. Ainsi tombés brusquement du sans-effort de leur terrasse de Tolède dans ce formidable caveau, scellé au milieu des sierras pour transmettre à l'éternité le tête-à-tête d'un despote et de Dieu, ils s'y trouvaient perdus comme des enfants dans la *Somme*, le Code et la Géométrie. Malaise d'âme pourtant plutôt que physique! Ce qui les oppressait, c'était moins cet impassible et glacial labyrinthe que toute la conception de vie, la méthode morale, l'éthique qu'il symbolise. Bleu granit éternel, lignes inflexibles qui resserrent l'âme de telle sorte que, ne dépensant rien en gestes, ne perdant rien de sa chaleur à l'extérieur, elle soit toute tassée et brisante, comme une cartouche de dynamite placée dans la roche et qui ne peut s'évader qu'en rompant tout du côté du ciel.

A l'église, centre du monument, toujours ils revenaient, et quand la Pia, à travers les grilles des chapelles latérales, essayait de distinguer les richesses accumulées autour des ossuaires, ou dans les couloirs examinait quelques portraits d'ascètes, sévères, mais qui, du moins, fixaient son attention, la rassuraient dans cet épais brouillard d'ennui et d'ombre mortuaire, Delrio lui disait : « Quel contresens ! il ne faut pas que des curiosités particulières viennent détourner nos esprits dans cette caserne de l'abstraction, et que ce milieu soit amoindri, si prodigieux parce qu'il nous met hors le temps et nous donne un sentiment détaché de tout accident individuel. »

Il goûtait que sous ces voûtes il n'y eût de spécial que Leone Leoni ; deux groupes fameux de statues royales plus grandes que nature, somptueuses comme des lingots d'or et si puissantes d'expression, qu'à fixer leurs visages on croit entendre leurs aveux mortuaires, ou mieux encore, derrière soi, dans l'ombre, le chuchotement de leurs valets de chambre. De l'or sur des charniers, c'est tout le divertissement que doit offrir à l'imagination l'Escurial.

Petite âme, esclave frémissante sous les impressions extérieures, la Pia défaillait de fatigue et de peur mêlées. Moins pour respirer cependant que pour s'évader de cette philosophie qui n'a même point le romanesque de la mort, elle s'approchait des fenêtres. A travers les grilles, elle voyait le Bassin de l'Infante, auge misérable, avec des pivoines dans de sombres haies plus domptées encore que la pierre. Sous ces voûtes implacables, rien n'est donc à attendre que des jeux de sa pensée ! C'était trop de contrainte, elle parut défaillir. Il la prit, l'entraîna et quand ils atteignirent sur les terrasses, sous un étroit promenoir de granit sévère, un étang encadré de pierres et que rasaient des hirondelles, elle pleura. C'était de trouver enfin, dans ce tragique trop sublime, quelque chose qui s'abaissât jusqu'à la mélancolie.

Puis à la nuit, dans la triste auberge, après le dîner silencieux d'accablement, quand elle se fut couchée et qu'elle le laissait, comme il avait coutume chaque soir, jouer avec ses doigts et ses bagues : « Ne partons pas, disait-elle, prise d'une sorte de folie du gouffre. C'est ici que je vois le mieux comment tu m'es seul au monde. »

— Non, lui répondait-il, donnons-nous la douleur d'interrompre ce douloureux bonheur. Tu sentiras plus violemment encore son caractère sublime, quand de cette discipline nous passerons à l'épanouissement d'Andalousie.

Deux jours après ils étaient à Grenade.

La première nuit, ils ne purent dormir, tant bruissait sous leurs fenêtres entr'ouvertes la ville entière, qui cherche la fraîcheur sur l'Alameda.... Alors Delrio vint frapper à la porte de sa sœur et, petite forme blanche qui s'habille dans l'obscurité, elle le rejoignit. Ils sortirent. Tous deux étaient émus du bonheur de vaguer dans cette demi-nuit parfumée et dans ces lieux qu'elle abordait pour la première fois. Parmi les figuiers, les magnolias, les chênes verts, les pistachiers et les lauriers fleuris, l'Orient enfin éblouit leurs yeux, les remplit d'amour pour les choses. Le manque de sommeil, qui n'est pas une souffrance dans ces pays légers, les alanguissait et faisait leur corps plus sensible aux délices de la nature. Quand fut passé le gros du jour et dès la chaleur baissante, ils montèrent au Généralife, ce Trianon mauresque, très fin, très nu dans ses jardins et parmi ses fontaines, où fond la neige des sommets qui closent l'horizon de Grenade. Puis ils visitèrent l'Alhambra.

Le charme de Grenade n'est point compliqué ; c'est d'avoir les plus beaux arbres du Nord et des eaux vives sous un soleil africain. Son nom attire l'univers, mais elle n'est qu'une tente dans une oasis, et, sous un parasol délicieusement brodé, un des plus mols oreillers du monde. Ni ce décor fragile, ni ce bien-être sensuel ne peuvent toucher profondément les âmes, qu'à la longue pourtant ils sauraient engourdir. Aussi Delrio, soucieux d'utiliser toutes les vertus de cette station, et pour que le paysage prît un sens complet dans l'âme de la jeune fille, excitait-il le guide à raconter tant de vies mêlées de délices et de peur et qui tachèrent ces dalles de sang et d'amour.

Quand ils furent près de redescendre en ville

et que la Pia se fut composé un bouquet des myrtes qui croissent dans la cour de la Sultane, il lui signala, pour aviver ces voluptés de la saveur de la mort, le portrait de Marie de Neubourg, un peu bouffie à la façon d'Autriche et qui du doigt désigne une fleur entre ses seins décolorés par le temps.

Cette journée de tout le voyage parut être la plus au goût de la jeune fille. Elle n'y trouvait rien d'impérieux et qui pût fatiguer son imagination, toujours prompte à se froisser dans un âge où de tous les organes si délicats le spirituel est peut-être le plus rétractile.

Ils passèrent ainsi quelques semaines à Grenade. Et dans ce jardin enchanteur, pour qu'elle ne devînt pas une Belle au bois dormant, il choisit cinq ou six pièces les plus romanesques du Théâtre espagnol et pria Lucien de les lire à leur amie, sur les marches du Généralife.

Elle aima *le Rufian heureux* de Cervantès, espèce de Don Juan dissolu et criminel qui se convertit jusqu'à devenir un tel saint qu'à

Mexico, vingt ans plus tard, appelé au lit de mort d'une courtisane, sa maîtresse jadis, il lui cède formellement ses vertus, ses bonnes œuvres et assume les péchés dont elle était couverte, de façon qu'elle monte au ciel et qu'il doit recommencer une vie de remords et de pénitence; — *La Reine morte*, par Louis Velez Guevara, d'une tristesse émouvante dans cette petite maison de Portugal, où parmi les fleurs et les grands arbres se développe la naïve sensualité d'une jeune femme qu'un vieillard cruellement condamne à une mort dont il pleure avec elle; — *Le Médecin de son honneur*, par Calderon, où Mencia inoffensive et destinée au malheur fait une figure si touchante sous le berceau de son jardin, la nuit, parmi ses femmes qui jouent de la guitare, tandis qu'hélas! s'approchent le jaloux et le débauché dont elle mourra; — *Persévérer jusqu'à la mort*, de Lope de Véga, histoire du jeune Mazias impétueux et tendre et d'une constance immortalisée dans le proverbe *Enamorado coma Màzias*, qui aima sa maîtresse malgré tous les obstacles et même quand, à travers la porte, la première nuit qu'elle eut épousé son rival, il entendit leurs soupirs mêlés ; — enfin *Le Damné pour manque de foi*, de Tirso de Molina, où l'on enseigne implicitement à mépriser les actes et à n'attacher d'importance qu'à l'exaltation intérieure, car on y voit un anachorète, après dix ans de pénitences et de macération, perdre tout à coup la grâce et pour ce tomber dans la damnation, tandis qu'un bandit souillé de viols, de blasphèmes et d'assassinats obtient le pardon par un cri de foi à l'article de la mort.

Ces brûlants récits amoureux et catholiques intéressaient la Pia sans jamais déconcerter sa raison, car elle avait un cœur qui battait aussi vite que le cœur de ces hommes et de ces femmes, et son imagination, comme la leur, franchissait rapidement cinq ou six associations d'idées pour atteindre à des impressions extrêmes. Et peut-être aussi ses vingt ans n'étaient-ils point assoupis à ce point qu'elle échappât à l'éveil de ses sens. Simone un jour pourra être Psyché qui s'éveille et allume un flambeau pour considérer l'Amour nu et endormi. Mouvement sensuel et qui pourtant ne suscite aucune répulsion parce que nous n'y voyons qu'un geste souple et aisé.

Un autre jour, ils visitèrent les pentes décharnées de l'Albaycin où des trous creusés dans le roc abritent, parmi des nopals gigantesques, le peuple décharné des tziganes. Ce peuple errant, quel romanesque il a mis dans le monde! Sur le passage de ses filles tombe au rang de simple bêtise qu'*on ne peut pas aimer ce qu'on n'estime pas*. Elles dansent, des haillons pailletés sur les reins, et avec des yeux de braise. Par toutes les routes de l'Europe, elles éveillent, dans l'âme des simples, une sensualité analogue à cette rêverie tendre et impure que les peintres et les poètes ont cristallisée autour des Hérodiade.

Au seuil de chacune de ces cavernes apparaissaient des mendiants demi-nus et de tous sexes, mais six petites filles marchaient à reculons devant les trois visiteurs et, de leurs mains appliquées sur leurs bouches un peu épaisses, leur envoyaient des baisers en répétant à la Pia : « *Bonita caramella* », Belle comme un bonbon ! Un peu intimidée de se sentir le morceau de sucre autour duquel tournoyaient ces mouches, la Pia, pour s'en débarrasser, voulut entrer dans une église, mais, avec précipitation, sur le parvis délicieux de fraîcheur, l'aînée de la bande, qui pouvait bien avoir huit ans, organisa une extraordinaire danse, où des libertés de jeunes animaux dévoilaient des hanches presque de femme. Fantaisie déroutante, ces enfants avides dansant un *zorongo* comme des hérétiques, dans ce demi-jour religieux ! Mais la chose sinistre et le signe inoubliable, c'était, sur ses pupilles trop brillantes, le clignement de paupières qu'elle lançait à Delrio et à Lucien et qui déjà sous la petite fille révélait la vieille entremetteuse.... Puis, indéfiniment, à travers les sentiers, ces mauvaises enfants obsédèrent les trois jeunes gens de leurs cris, de leur tournoiement, les pieds nus sur les cailloux brûlants, la main toujours tendue, et, pour signifier qu'elles partiraient si on leur faisait encore un cadeau, elles mêlaient à leur demande l'apostrophe que si souvent leur avaient lancée tant de voyageurs agacés : « Cinq centimes et allez-vous-en !... Cinq centimes et allez-vous-en ! »

C'était six heures du soir, au déclin d'une journée triomphante de splendeur ; mais la nature, quand elle atteint à cette magnificence, nous fait trop sentir son implacable indifférence à l'endroit de nos misères ; elle exagère notre solitude. En outre, ce battement affreux de la paupière chez l'enfant gitane anonyme de Grenade avait révélé à la jeune femme d'une façon voilée, mais suffisant à lui serrer le cœur, les désordres du désir et les humiliations qu'entraînent certaines parties confuses de notre sang.

A l'ordinaire Delrio n'accompagnait pas les deux jeunes gens. Il appréciait peu Grenade, quoiqu'il en subît le charme ; il pensait qu'elle attache l'âme aux minuties. Il se contentait de passer quelques instants du matin et du soir à l'Alameda, sous un magnolia en fleurs.

Un jour, dès neuf heures, quand commence à se dissiper la fraîcheur, les deux jeunes gens le rejoignirent sous cet amirable bouquet luisant et splendide de force. Auprès du banc où il se plaisait, était une musique tirée par un petit âne qu'accompagnaient un bon chien et deux petits garçons, l'un tournant la manivelle de l'orgue et l'autre les oreilles de la bête. Et comme Lucien et la Pia s'amusaient de le voir si heureux, il leur dit : « Ma petite sœur, ces enfants et ce chien, cette chanson dans cet air lumineux, ces fleurs splendides, tout cela me donne un plaisir sans souillure, une pureté dans la volupté analogue au sentiment que j'ai de votre tendre amitié ; mais en plus, dans vos yeux, où je crains toujours de distinguer des pleurs, je trouve un peu de la gravité et de la tristesse de cet Escurial que déjà vous avez oublié. »

Elle ne répondit pas, mais s'assombrit de ce qu'il admettait comme possible l'oubli des choses confuses qu'ils avaient senties en commun.

Or, le jour où ils durent quitter cette ville, la Pia et Lucien rejoignirent les voitures en poussant devant eux un petit âne couvert des plus belles branches du magnolia, en sorte qu'il était comme un arbuste en fleurs, comme une boule mouvante et embaumée, et ils lui dirent : « Mon maître, nous avons coupé une à une les fleurs que vous préférez, celles du magnolia qui sont les plus enivrantes et les plus puissantes, et nous vous les apportons en symbole de la domination et de la flamme qui sont en vous. »

Il reconnut bien qu'ils l'admiraient, mais il sentit en même temps une immense pitié qu'on eût tranché une chose admirable. En quittant Grenade, il eût aimé que son souvenir s'y liât à quelque chose d'heureux et non à un arbre humilié.

Peut-être une certaine pureté morale éloigne-t-elle de certaines finesses d'attendrissement, auxquelles il se donnait tout entier.

Tous trois rentrèrent à Tolède. Delrio, comme il arrivait parfois, dut s'absenter pour ses affaires. La Pia et Lucien prolongèrent leurs habitudes de voyage, se composant de courtes excursions aux heures favorables de la journée.

C'est ainsi qu'un soir, assis devant leur ermitage et contemplant, sans jamais l'épuiser, la montagne de Tolède, contractée de passion sous un ciel silencieux qui hors elle accable tout, ces enfants eurent une irrésistible envie d'aller de leur solitude vers ces beautés, de s'y mêler, de participer à la volupté d'où leurs cœurs étaient gonflés de se sentir exilés.

En traversant le pont du Tage, ils s'arrêtèrent pour respirer la fraîcheur qui monte de ses boues, puis, lentement gravirent les cailloux aigus des ruelles, vers la cathédrale.

De cette haute terrasse, c'était toujours le même sublime qui jamais ne rassasie les âmes, car en même temps qu'elles s'en remplissent il les dilate à l'infini. Le sol, la pierre, la végétation, à Tolède désolent par leur misère, mais tel est leur style qu'il supprime chez le spectateur toute imagination vulgaire. Et puis c'était en bas le fleuve, comme un lourd serpentement de fièvre, et dans cette chaude nuit les ruines du faubourg d'Antéquerula, bouleversantes pour l'imagination comme les cris et l'odeur des hyènes dans les cimetières d'Orient. Apreté de Castille où passe un long soupir d'Andalousie ! Sur cette ville à la fois maure et catholique, les parfums qui montent de la sierra se marient à l'odeur des cierges échappée des églises. Les sensations de l'Escurial et de l'Alhambra gonflaient à la fois le sein de la Pia, et de leur mélange équivoque loin de s'affaiblir prenaient la puissance, la tristesse des passions combattues.

Ils entrèrent dans la cathédrale, qui est le lieu du monde le plus somptueusement meublé, et s'étant approchée de la pierre où sont empreints les pieds de la Vierge, devant les saphirs, les rubis et les perles dont les feux vacillent sous la lueur des lampes perpétuelles, elle s'agenouilla, pour se livrer à la sensation d'être un objet si humble parmi ces magnificences, une pauvre petite perle perdue dans le vaste monde.

Et comme le temps passait, Lucien souffrit de distinguer que, parmi ces choses d'un goût somptueux, lui seul était déplacé, mais qu'elle pourrait être une des mille pierreries qui collaborent obscurément à la gloire de ce soleil de beauté, par exemple, se disait-il, une des petites turquoises verdies qui sont attachées à la cheville de Marie. Se rapprochant d'elle, il lui dit : « Ma reine, vous me méprisez ! » Mais il vit son visage couvert de larmes, et cela le bouleversa au point qu'il appuya ses lèvres sur les lèvres de la jeune fille, et sans qu'elle cessât d'être vierge, ces deux enfants misérables défaillirent embrassés.

Mais tout à coup le sentiment de son véritable amour fondit sur elle. Elle sentit avec un désespoir profond qu'elle venait de se priver de ce qui était sa part de sublime dans la vie et que, ce frisson, elle ne l'eût ressenti conformément à sa destinée que dans les bras de son frère et véritable maître.

Quinze jours, elle demeura demi assoupie, mais sans perdre la force de souffrir, dans des ténèbres molles et mornes. Tous ses membres lui semblaient morts, mais son esprit veillait; elle se sentait engourdie de paralysie sauf un point, qui était son cœur, atteint d'une impossible passion. Bien qu'elle parût incapable de se lever, avec quel élan de tout le corps ne se fût-elle pas jetée vers l'issue qu'elle eût entrevue!

Quand Delrio, revenu en hâte, se pencha sur son lit de fiévreuse, elle eut d'affreux frissons, une crise de larmes, puis, demeurée seule un instant, se blessa d'une balle mortellement. Cela fut ainsi sans que je puisse l'expliquer autrement que par la conviction où cette enfant exaltée et scrupuleuse semble s'être arrêtée qu'elle ne pouvait se conformer à sa destinée et que son bonheur n'eût été que dans un monstrueux péché.

Épouvantée de ses souffrances, elle se pelotonnait sur son lit, sans plus répondre qu'un pauvre chien. Mais Delrio lui mit la main sur le cœur en lui parlant successivement des diverses choses qui pouvaient l'avoir émue, et quand il arriva à prononcer le nom de Lucien, un battement plus précipité lui confirma ses craintes, sans lui communiquer la vérité. L'insensé! il crut qu'elle s'était donnée, elle qui mourait d'avoir entrevu pour qui elle voulait se réserver! Et d'imaginer qu'elle avait aimé jusqu'à donner son corps, il éprouva des mouvements qui l'eussent peut-être poussé à quelque brusquerie, si elle n'avait été agonisante.

Animé par cet injuste sentiment, il lui parlait de Lucien, mais en termes si confus qu'elle n'y trouva qu'une allusion au baiser de la cathédrale. Et quand il laissa entendre qu'il n'ignorait pas à quelle passion elle avait préféré la mort, elle se crut devinée.

« Oh! toujours mentir, répondit-elle, je n'aurais pu passer ainsi ma vie. Comme je suis heureuse maintenant que vous sachiez la vérité! »

Ainsi goûtait-elle la douceur d'un aveu d'amour. Mais lui persistait dans l'idée de Lucien. Sans doute, se disait-il, cet entraînement est déjà ancien! Et tout haut :

« Je te remercie de m'avoir menti, je te remercie de m'avoir fait par ton mensonge une vie heureuse. »

Les circonstances avaient créé un quiproquo autour de ce lit de mort et d'amour, mais tous ses gestes de frère et d'amant témoignaient à la jeune fille ces tendres sentiments dont il ignorait qu'elle-même mourait et dont il n'entendait pas l'aveu.

Comme elle était belle, sa sœur, brûlante

puis glacée de fièvre, dessinant sous les draps son jeune corps révolté par la mort!

Il la prit dans ses bras, et mettant ses lèvres contre ces délicates épaules, il lui donnait avec des mots tendres les suprêmes consolations.

« Tais-toi, tais-toi, lui disait-elle, c'est ta voix seule qui me retient à la vie et je veux mourir.

— Tu vas mourir, perfection chérie, te contracter pour la mort dans mes bras. En ces dernières minutes, confie-moi ton dernier souffle, pour que je l'expire dans mes premiers soupirs de deuil. Laisse mon corps prendre sur ton corps ta suprême chaleur, pour que j'en réchauffe quelques heures encore ton cadavre. Accueille dans tes yeux, parmi tes pleurs, mon image, pour que sur son reflet obscurci par tes larmes tarissantes, j'abaisse tes paupières, enfant chérie. »

Par un sentiment de pudeur et d'amour, elle lui disait : « N'es-tu pas dégoûté de m'embrasser malade comme je suis?... » mais d'un ton tel qu'il lui répondait :

« O mon bel œillet qui n'es plus la mélancolique Pia, depuis ton éclatante et surprenante décision, combien je t'aime ainsi sanglante! et que je te désire sous ce pâle et sous ce rouge de la mort! »

Et les tendres gémissements que lui imposait sa blessure se mêlant aux aveux demi-étouffés de leur amour, elle mourut en pressant contre ses petits seins éclaboussés de sang les mains de l'ami de son cœur.

Delrio, dans la suprême tension des énergies de ce petit être, entrevit le secret dont elle mourait, mais il en eut la sensation plus que l'intelligence. Cette préférence que nul ne pouvait imaginer et dont lui-même ne s'avouait pas l'objet, lui donna une volupté d'autant plus âpre.

Dès lors il fut plus heureux, parce qu'il eut un point sensible autour duquel grouper et fortifier sa personnalité.

Il pria ses amis que nul désormais ne prononçât le nom de cette morte; il voulut connaître seul la terre soulevée où cette Pia acheva de se défaire. Puis il vendit la villa sous condition expresse qu'on en fît un hôtel, afin que ce lieu étant profané par n'importe qui, par tout le monde, les souvenirs en fussent restitués à l'universel et possédés par personne..

Octobre 1893.

LES DEUX FEMMES

DU BOURGEOIS DE BRUGES

Au temps de la Renaissance, il y eut, à Bruges, un riche bourgeois que ne distrayaient pas les grands festins où ses compatriotes s'amusent à beaucoup manger et à bouffonner. Il se fût plu au tir de l'arc, car sa vanité était flattée qu'on l'y proclamât roi, mais il ne sentait pas de plaisir réel à être admiré par les commères brugeoises. Et il était aussi un peu dégoûté de sa femme, quoiqu'elle lui fût fidèle et fraîche, mais j'ai vu son portrait, et c'était une petite Memling, scrupuleuse de tout ce qui gît au modeste enclos d'une vie régulière et nullement avertie des frivolités et des emportements qui seuls eussent contenté ce mélancolique désœuvré.

Dans ces sentiments, il forma le vœu de voyager en Terre-Sainte. C'était tout à la fois pour accomplir des choses sublimes et pour se distraire.

Il faut toujours rabattre de nos rêves ; le Flamand ne dépassa pas l'Italie, car une femme qui avait une beauté de ce pays et qui par là lui parut incomparable, retint sur ses seins nus la tête carrée de cet étranger. Elle avait été la maîtresse de Laurent de Médicis et, durant une nuit, du jeune Pic de La Mirandole. J'ai vu leurs portraits qu'avec elle, dans la suite, elle transporta en Flandre, et qui sont à Anvers, dans la maison Plantin. Laurent de Médicis est gros et sale comme un professeur de dessin, et La Mirandole a la figure pure et glacée d'un jeune juif élégant, gauche et cérébral.

Parfumée et vêtue de soie, cette Clorinde lisait à son amant l'Arioste, dont la magnificence aisée ajoutait encore à sa grâce voluptueuse, et la mélancolie du jeune homme, qui jusqu'alors tendait à la bouderie, devint une tristesse enivrée.

Quand ils eurent dissipé leurs ressources et jusqu'à leurs bijoux, le Flamand, pour qui c'était insupportable d'imaginer qu'un jour elle serait, loin de lui, vieille et pitoyable, la pria de l'accompagner dans les Flandres, où ils trouveraient l'abondance.

Clorinde, en même temps qu'elle enseignait son cher barbare à goûter toutes les belles choses, avait désappris de les aimer, et c'est de lui seul qu'il lui eût coûté de se séparer; aussi accepta-t-elle ce pénible exil. Mais à mesure que leur voyage s'avançait, ils étaient bien tristes, car la nature devenait plus pauvre et ils allaient du côté de l'hiver.

Quand ils arrivèrent en vue de Bruges, ils comprirent l'un et l'autre qu'en franchissant ce dernier espace, ils terminaient une partie de leur vie qui avait été leur jeunesse. La campagne était comme glacée de soleil, un faible soleil de midi qui tombait du ciel le plus gris. Le cœur de l'étrangère se serrait, car elle craignait qu'il l'aimât moins que sa vraie femme et qu'il la renvoyât. Et lui, d'autre part, à revoir les premières images dont s'étaient remplis ses yeux de petit garçon, s'apitoyait de l'idée qu'il mourrait un jour.

Ils atteignirent ainsi jusqu'au quai du Rosaire et s'accoudèrent au-dessus du petit étang qui baigne les basses maisons de brique çà et là teintées d'ocre. Son odeur fiévreuse leur rappelait le paradis de Venise. Ils regardaient ce miroir mélancolique encadré de l'herbe des béguines qui croît sur les vieilles pierres, et leur pensée allait avec cette eau froide se perdre sous les voûtes obscures. Le ciel était si près de tous ces petits toits bizarrement découpés, que le clocher de Notre-Dame semblait le toucher. Alors, sans doute, comme aujourd'hui, l'estaminet de la Vache avançait sur l'eau sa délicate et modeste terrasse, supportée par des colonnettes. Et peut-être aussi, comme je l'entendis, jouait-on de la musique triste sur le petit marché aux poissons. Il se tourna vers elle qui était tremblante et lui dit :

« En revenant avec vous à cet endroit d'où je suis parti avant que je vous connusse, je veux vous dire du profond de mon âme, mon amie, combien je vous dois de choses. Vous avez été bien bonne pour moi qui étais un vrai sauvage, et je me sens envers vous très reconnaissant. »

Elle fut si émue qu'elle, qui percevait toujours très finement les choses qui prêtent un peu au ridicule, elle eut les yeux pleins de larmes, et elle lui répondit :

« Je ne sais pas comment cela se fait, mon ami, mais vous qui êtes parfois si dur et, je peux bien vous le dire, un peu grossier, vous trouvez parfois aussi des choses tellement délicates que personne ne vous vaut. Et soyez bien sûr que personne au monde ne compte pour moi, sinon vous. »

Et ils s'embrassèrent, moins comme deux amoureux que comme un frère et une sœur qui se sentent de même race, à ce point qu'ils mourraient sans effort l'un pour l'autre, convaincu chacun que sa vraie vie n'est pas en soi, mais dans l'autre.

Cependant ils arrivèrent à la maison du Flamand, où sa femme fut sincèrement contente de son retour, et quoique à voir cette confiance il fût apitoyé sur le tort qu'il lui avait fait, il ressentait cruellement ce que devait souffrir sa belle amie qui les regardait à quelques pas. Il les présenta l'une à l'autre : « Ma chère femme, embrassez cette étrangère, car c'est le plus grand bonheur de ma vie. C'est une infidèle que j'ai convertie durant ma croisade et que je ramène pour qu'elle ne retourne pas derrière moi à ses idoles. »

Alors le bruit se répandit dans Bruges que le noble pèlerin avait converti une infidèle qu'il la ramenait, et tout le peuple lui offrit un banquet où il eut la place d'honneur, ayant à sa droite l'étrangère et à sa gauche sa femme. Il jouit beaucoup de voir comme on admirait la beauté brillante de son amante, mais l'un et l'autre pourtant étaient pensifs, ce qui les fit considérer par tout le monde comme deux saints.

Quand fut sonnée l'heure de prendre le repos, sa femme, qui avait perdu beaucoup de sa gaîté à le pleurer durant sa croisade, lui dit avec gravité : « Je suis bien fanée et bien déshabituée du plaisir, mon seigneur, il ne faut pas que vous veniez dans mon lit, mais je veux être la servante de celle à qui vous avez donné le Paradis, et je la prendrai avec moi pour la nuit. »

Clorinde était épouvantée à l'idée de reposer seule, tandis que celui qu'elle adorait serait dans les bras de sa femme; aussi accueillit-elle cette solution avec un extrême bonheur. Il les aida l'une et l'autre à se déshabiller, puis prit place lui-même dans le second lit de la même pièce.

Ainsi vécurent-ils tous trois, et souvent, dans le long hiver des Flandres, comme le froid était rigoureux, l'une ou l'autre de ses femmes venait lui tenir compagnie.

Bruges est une ville voilée d'arbres et mirée dans des canaux, sur laquelle sans trêve fraîchit le vent du nord et sonne le carillon. Mais quand ils regardaient les cygnes frôler sans bruit les quais, ils se souvenaient que si Bruges a mis sur ses canaux ces cygnes glacés, Venise y met des femmes passionnées. L'un et l'autre aimaient que la nuit emplît d'ombre les trop minutieuses élégances de l'art flamand et ne laissât subsister que l'élan impérieux des masses architecturales. Sur la grande place des Halles, quand le soir faisait du beffroi simplifié une noble citadelle florentine, elle se rappelait les hommes hardis qui habitaient là-bas de durs palais analogues et qui les premiers l'avaient serrée dans leurs jeunes bras, et lui se souvenait aussi que sur les larges dalles des rues toscanes, des choses confuses avaient passionné son âme.

Ainsi ne pouvaient-ils, sans une douloureuse ivresse, se rappeler leurs jours d'Italie. Non point que ce temps, à tout prendre, eût été préférable aux lentes promenades qu'ils faisaient maintenant dans la brume de la mer du Nord et aux soirées qu'ils passaient derrière les vitres à reflets métalliques de la rue aux Oies! Mais leur caractère était de repousser la médiocrité, tandis que la Flamande se contentait, si elle leur avait préparé un bon repas ou bien chauffé la maison.

Philippe mourut d'une maladie de cœur, et ses deux femmes, comme on disait à Bruges, firent de la peine à tous; mais, quoique son épouse lui donnât de grands témoignages, sa douleur n'approcha pas du sentiment de l'infidèle. Elle perdait celui qui lui avait fait connaître la vérité.

Cette belle personne entra aux Rédemptoristines, que le peuple nomme les Sœurs rouges, parce qu'elles sont vêtues de chemises et de bas en soie rouge. Encore qu'elle voulût faire pénitence, elle se condamnait à n'envelopper que de soie son beau corps, précisément pour expier les voluptés que jadis elle avait connues, hors des bras de son mort. A chacun de ses pas le froissement de la soie lui rappelait ses affreux péchés.

On dit qu'elle voulut mourir la première, pour être quelques instants encore couchée seule avec lui dans la tombe.

L'autre femme vécut fort longtemps dans le béguinage où elle s'était retirée. J'y suis allé chercher leur mémoire. Rien ne saurait que la douceur mouillée de ce mot « béguinage », évoquer ces eaux qui entraînent des algues, ces saules déchevelés, ce tiède soleil adoucissant la teinte des briques, le souffle léger de la mer, le carillon argentin et la tristesse de cet enclos où elle continua sa pauvre vie qui n'avait jamais été qu'une demi-vie. Par-dessus les maisons basses, rien ne pénètre cet endroit désert, ni les appels de la volupté, ni les bruits de l'opinion. Mais de l'amour et de la vanité emplissant le monde, qu'avait-elle jamais su ? Rien ne fleurissait en son âme qui fût plus compliqué qu'en la cour du béguinage, carré irrégulier tendu d'une prairie que coupent d'étroits sentiers et d'où montent, comme des palmes de Pâques, de longs peupliers frêles.

Ses derniers vœux de petite vieille furent qu'on l'ensevelît aux pieds des deux siens, et cela ne surprit personne, car on les tenait pour des bienheureux. Elle voulait aussi qu'on la figurât en bronze sur leur tombe, à leurs pieds et en place du chien de fidélité qu'on y place pour l'ordinaire. Mais cette modestie parut excessive et contraire au sentiment de famille; aussi dans l'église les voit-on installés tous trois comme des pairs, côte à côte, et tenant chacun la banderole sur laquelle sont inscrites les pieuses paroles qu'elle avait choisies : « Marthe, Marthe, pourquoi vous agitez-vous? Marie a choisi la meilleure part. »

Pour moi, je proteste contre cette négligence où l'on tint sa juste volonté, je m'oppose à cette injurieuse égalité où la voilà haussée malgré elle! Et quand tout le monde loue les misérables primitifs, tous les Memling et toutes les vertus assoupies, je magnifie la splendeur italienne, la passion qui ne sommeille pas et qui a les gestes de la passion : la passion active.

Ah ! s'il eût dépendu de moi, celle qui naquit pour être servante serait dans l'éternité couchée aux pieds de ses maîtres. Dieu n'eût pas fait naître en Flandre une âme dont il eût pu faire une Vénitienne ! Que la petite Flamande se contente d'être estimée ! nous n'aimons et n'honorons que la chère rédemptoriste, et si je m'émeus dans un béguinage, c'est que, du fond de la médiocrité, je me retourne plus ardemment encore vers les magnificences de la passion tendre et décorative.

Décembre 1892.

LE SECRET MERVEILLEUX

> Elle le reçut de cet air d'une femme qui possède le secret merveilleux : le sérieux qui couvre et permet toutes les fantaisies.
>
> (*L'Ennemi des Lois.*)

Comment m'est-il resté dans la mémoire, cet insignifiant jeu de mots par assonance, entendu à Rome, il y a quelques années, d'un prélat italien? On parlait d'un homme fort considéré au Vatican pour son érudition et sa capacité dans les affaires de l'Église qu'on opposait à son privé, à ses galanteries et à ses spéculations. « Il a voulu entrer dans les ordres, dit en badinant le prélat, puis il s'est mis du tiers-ordre, et le voilà dans le désordre. »

Sur l'instant l'objet de ces lazzis entra. Fort jeune encore, mais le visage déshonoré par un eczéma, d'étranges yeux d'une teinte glacée et morte, de la gaucherie dans ses manières, mais avec cela de la décision et, grâce à un port de tête parfait, l'ensemble d'une jolie bête de proie, abîmée par toutes les entraves que met le code à la satisfaction des appétits trop violents.

Il ne dit rien qui ne fût dur des ennemis de la cour romaine, et chacun sait que c'est par des haines communes que se lient fortement les hommes, mais tout être ayant un peu l'habitude du vice, de l'ambition et de l'amour de l'argent eût distingué aisément, aux plis de cette bouche et dans ce regard, la distraction et la réserve qui trahissent une vie en partie double.

Ce pouvait être un mercenaire de l'Église; assurément ce n'en était pas un fidèle! En voilà un qui possédait le secret merveilleux de la vie de société! Certes, dans cette existence, il y avait tous les mouvements de la passion, les pires désordres, oui, mais sous la surface la mieux ordonnée! Présenter à l'opinion une telle image de soi-même qu'elle puisse, sans renier ses principes habituels, nous maintenir sa considération; faciliter aux austères d'être nos dupes : voilà, je le vérifiai sur l'instant, la science qu'il possédait et qui est l'indispensable pour qui veut se servir des hommes.

Elle est trop délicate, l'attitude d'un directeur de conscience vis-à-vis de la mondaine qui le reçoit à sa table et de qui il a entendu les péchés au confessionnal : évitons de placer à notre endroit la société dans une situation aussi fausse! Un homme déréglé se doit entourer de la plus sévère correction.

Il y a, dans Saint Simon, une histoire ramassée en quelques lignes et qui fournit un saisissant tableau, bien propre à illustrer la moralité que je développe ici. C'est d'un archevêque qu'il s'agit.

Le grand observateur nous le montre déjà sujet à de légères attaques d'épilepsie et qui reçoit, toutes ses après-midi, la duchesse de

Lesdiguières, et toujours tous deux seuls. Tel jour, enfin, il passa la matinée à son ordinaire jusqu'au dîner, et son maître d'hôtel, venant l'avertir qu'il était servi, le trouva dans son cabinet, assis sur un canapé et renversé : il était mort. « Le Père Gaillard fit son oraison funèbre à Notre-Dame : la matière était plus que délicate, et la fin terrible. Le célèbre jésuite prit son parti : il loua ce qui méritait de l'être, puis tourna court sur la morale. »

Voilà déjà qui n'est pas mal pour nous faire comprendre les conventions de la société, mais le trait puissant à nous enseigner et qui souligne comment le monde veut qu'on l'abuse, c'est quand Saint-Simon dit de l'archevêque :

«... Il voyait tous les jours de sa vie sa bonne amie, la duchesse de Lesdiguières, ou chez elle ou à Conflans, dont il avait fait un jardin délicieux et qu'il tenait si propre qu'*à mesure qu'ils s'y promenaient tous deux, des jardiniers les suivaient à distance pour effacer leurs pas avec des râteaux.* »

Ah! ce jardin mélancolique et cette belle ordonnance autour de ce vieillard désordonné, que voilà, selon mon goût, une image convaincante! Râteau admirable et qui symbolise délicieusement la culture morale des sociétés vraiment civilisées : dans l'âme, le bohémianisme; à l'extérieur, l'austérité!

Puisque aussi bien l'aspic ne fut pour Cléopâtre qu'une arme parlante posthume, elle aurait pu, courtisane et reine, graver au coin de ses papyrus ce râteau symbolique.

On admet en effet que pour une nuit de son lit, elle prenait la tête de son amant passager, s'il était du commun. Et cette exigence n'était pas chez elle un caprice de femme sensuelle, mais la volonté refléchie de maintenir l'étiquette. Ces esclaves noirs qui décapitent le témoin de la folie de leur reine font, avec les différences de temps et de milieu, exactement le même geste que les jardiniers de l'archevêque qui, derrière lui, effacent ses pas mêlés à ceux de son amie. Ce sabre et ce râteau signifient une même méthode de vie.

Sans doute, cette vieille légende de l'Égyptienne nous paraît un exemple un peu violent de concession à la moralité sociale. Quelque tenue que gardent les passionnés d'aujourd'hui, aucun d'eux ne maintiendrait si rudement le *decorum*. Peut-être Catherine de Russie aura-t-elle, la dernière, allié avec tant de vivacité le goût de la débauche au sentiment de la dignité personnelle. Notre société, où les mœurs ont atteint une douceur jusqu'alors inconnue, réprouverait les pudeurs excessives de Cléopâtre. Mais aujourd'hui encore les êtres un peu nobles voilent leurs passions. Le cynisme toujours a quelque basse allure. Nous aimons que derrière nous soit effacée toute trace de désordre.

Et ce n'est point hypocrisie, pharisaïsme; c'est un instinct supérieur de la véritable volupté, qui veut être secrète. Alcibiade fit couper la queue de son chien en public, non pas comme un coupable qui se crée un alibi et pour éviter qu'on commentât tel autre de ses actes, mais pour le plaisir d'égarer l'opinion et parce que sa sensibilité et son goût de l'élégance morale l'empêchaient de jouir de rien qui fût public. Il s'organisait une vie inconnue. Il goûtait avec frénésie la joie d'être différent de ce qu'il paraissait. Vivre une existence double! Être et paraître! Les grands aventuriers affirment qu'ils y trouvent une intensité de plaisir nerveux qui triple la joie de vivre.

C'est l'histoire du prince Rodolphe, dans Eugène Sue, grand seigneur et ouvrier, et du Vautrin de Balzac, qui passionnèrent si fort l'imagination populaire. Mais voilà des histoires un peu grosses. Selon moi, le piquant n'est pas d'avoir un vestiaire nombreux, mais plusieurs âmes. Il ne s'agit pas de faire un personnage dans beaucoup de milieux différents, mais d'avoir une vie intérieure et secrète infiniment variée. Quel faux nez du prince Rodolphe vaudrait la joie de garder dans son âme un secret!

Combien il doit être vif, le frisson de ces aventureux qui, tout en s'accommodant de leur milieu ordinaire, goûtent et réalisent les voluptés de deux ou trois vies morales différentes et contradictoires! C'est peu vivre de ne faire qu'un personnage. Et je pense parfois avec un goût extrême à cet homme étrange, dont le prélat disait : « Il a voulu entrer dans les ordres, puis il s'est mis dans le tiers-ordre et le voilà dans le désordre. »

Sans doute, il est fâcheux que sa mémoire soit liée pour moi à un badinage de mots aussi pitoyable, mais cette tache de sang trop âcre qui masque son impassible visage me révèle qu'il possède le don précieux, qu'on peut blâmer, mais qu'il est difficile de ne pas admirer : le sérieux qui couvre et permet toutes les fantaisies.

Octobre 1892.

LA HAINE EMPORTE TOUT

Sur les bancs de la Chambre, on peut comprendre la haine. Bien peu la manifestaient durant les longs mois où elle eût été impuissante, mais en décembre 1892, par éclairs, je l'aperçus qui défigurait des visages.... J'ai vu tel causeur s'arrêter, étranglé d'un spasme de bonheur, quand passait un adversaire, le regard inquiet, les joues blanchies et tombantes. La haine, comme une bête qui sort de son affût, m'est apparue dans les yeux, entre les dents des vaincus d'hier.

Et je me suis rappelé une dure histoire, — sans doute une légende — des guerres civiles d'Espagne.

Il y avait à Séville, en 1869, une veuve riche et de bonne naissance, de ces femmes qui passent leur temps chez les fournisseurs, excellent à s'habiller et avivent encore leur charme d'un gentil air de camarade. Les jolis plis de sa robe étaient d'une Parisienne, mais là-dessous, à ses moindres mouvements, se révélait le *salero* national, cette sorte de souplesse violente, bien nécessaire pour relever le désir sous ces torpeurs d'Andalousie et qui trahit une âme tendue comme un ressort.

Son père siégeait dans les assemblées au groupe carliste; ce qui doit être entendu, non pas au sens de monarchiste, mais de patriote. D'une race qui par l'Inquisition s'est délivrée des juifs et des protestants, il n'admettait pas sur le trône un étranger. En 69, il échoua dans des élections où les pires insultes lui furent prodiguées, car il avait de la valeur. Sa fille connut l'angoisse du journal attendu, qu'on déploie et où s'enchevêtrent d'invraisemblables potins, dont il reste toujours quelque salissure. Un de ses frères fut estropié en duel.

Puis, en 70, Don Carlos ouvrant la campagne dans le Nord et le parti s'agitant en Andalousie, la police impliqua le vieux politicien dans une affreuse histoire de mœurs. En plein midi, à travers Séville, il fut traîné en prison, où il mourut, étouffé par son désir de vengeance.

La jeune femme, sans délai, traversa toute l'Espagne pour rejoindre en Navarre Don Carlos. Voilà le vengeur et celui seul par qui elle ferait pleurer ses exécrés ennemis! Devant son imagination, ce jeune prince était beau comme le jour, — comme le jour où elle pourrait cracher à la figure de ses ennemis. Vers lui elle courait, ses petits poings serrés, avec la fièvre qu'elle aurait eue à courir à la pendaison des insulteurs et des assassins de son père.

Elle eut beaucoup à craindre et à souffrir dans ces étroits sentiers de Navarre, car les carlistes qui les tenaient avaient l'humeur pillarde et ils vexaient même les femmes. Ainsi ils portaient à leur ceinture d'énormes paires de ciseaux qui servent à tondre les mules et dont ils coupaient les longs cheveux des Basques soupçonnées de « libéralisme ».

Enfin la diligence, avec son escorte de brigands, à travers les hauts rochers et le long du torrent étroit, débusqua dans la sombre petite ville d'Estella, forteresse du *carlisme.*

— Don Carlos est à confesse, il communiera demain matin, lui dirent, avec mille plaisanteries de soldats, tous ces volontaires qui encombraient les noires arcades de la place, et dont les regards hardis, à ces tristes heures du soleil couchant, étaient plus effrayants encore que les propos.

Réfugiée, après bien des recherches, dans une misérable « fonda », d'où elle écrivit à Don Carlos, elle pensa attendre le jour sans autres complications. C'était compter sans les inconvénients d'une ville où il y a plus d'hommes que de femmes. Une douzaine de chefs s'étaient réunis au rez-de-chaussée et, après avoir beaucoup bu et tapagé, ils se lassèrent même d'outrager la fille de l'auberge, comme ils avaient coutume. depuis quinze nuits, et commandèrent qu'on leur amenât l'étrangère, — qualité qu'il plaisait à ces ivrognes de confondre avec celle d'adversaire.

Elle dut descendre. Ses longs cheveux, épars sur sa toilette de nuit, établissaient assez qu'elle avait su justifier de son loyalisme devant les ciseaux des volontaires, mais ces débauchés n'y voulurent voir qu'une séduction de plus. Après des jeux qu'il serait peu généreux de mentionner, presque tous violèrent cette élégante jeune femme, dont les cris n'attirèrent personne, car à cette heure, dans Estella, de telles protestations étaient ordinaires.

A l'aube demeurée seule, l'âme et le corps défaits, mais plus touchante encore de tant d'affronts, elle pénétra jusqu'au roi.

Ce prince de vingt ans, et fort sensible aux femmes, s'émut sincèrement d'une telle vexation. Il essuya les cheveux mouillés de vin de sa jeune partisane; à défaut de femmes qui pussent l'aider, il voulut lui-même la dévêtir et, toute rompue, la porter dans le seul lit de cette pauvre maison, dans son lit royal encore tiède.

Incapable, dans une telle détresse, de suivre plusieurs sentiments à la fois, elle ne savait que lui répéter : « De tels traitements, à moi qui suis l'une des vôtres ! » Blottie contre l'énergique poitrine de son roi, cette personne de vingt-six ans s'engourdissait avec confiance. Fille privée de son père, jeune femme sans amour, royaliste insultée par les libéraux, elle avait tant souhaité ce protecteur ! Et par une pudeur bien naturelle, elle s'étendait sur ses griefs de Séville plus volontiers que sur les outrages récents.

L'enquête ouverte établit en moins d'une heure que les coupables étaient les plus populaires et les plus énergiques chefs de bande de Don Carlos. Soldats obscurs, ils eussent été fusillés sans délai. Mais on rapporte que la jeune femme dit au prétendant, qui peut-être hésitait : « Vingt bons soldats peuvent me rendre plus d'honneur qu'ils ne m'en ont ôté. » Et voilà une admirable réponse.

Le certain est que Don Carlos convoqua les hommes, et six, sur son interrogatoire, s'étant déclarés célibataires, il invita la jeune femme à désigner celui qu'elle acceptait pour mari.

— Sire, interrogea-t-elle, à qui d'eux Votre Majesté donnerait-elle le commandement de la province de Séville?

Et comme elle entrevoyait une interrogation : « C'est qu'ayant deux vengeances à poursuivre, je ne veux en abandonner une que pour mieux satisfaire l'autre. »

Sur l'assurance que le mari de son choix recevrait en cadeau de noce de pleins pouvoirs sur la province de Séville, elle réclama celui qui, le premier, avait porté la main sur elle. Ils furent mariés, ce matin même, à la messe où le roi communia. Mais celui-ci, au sortir de l'office, commanda au nouveau marié une mission extrêmement périlleuse. Galanterie de jeune homme qui désirait qu'une femme aussi agréable demeurât libre, et il semble qu'elle-même n'aurait pas dû s'attacher beaucoup à son brusque mari.

C'est mal calculer l'énergie d'un être passionné. Au bout de deux jours, quand le carliste revint, harassé, de ses étapes, sa baïonnette faussée et ses habits déchirés de coups de sabre sur sa poitrine intacte, elle l'accompagna sous sa tente pour le laver de la poussière dont il était couvert. De ses mains, il avait étranglé des libéraux ! Et dans l'ivresse qu'elle eut de respirer sur lui le sang des ennemis morts, elle oubliait l'odeur du vin et ces haleines par quoi, à leur première rencontre, elle avait été souillée ; elle se donnait toute à l'image de Séville bientôt terrifiée.

Dans la suite, le drôle fut pendu à Pampelune. Il avait toutes les vulgarités et aucune vertu. Mais c'est moins par les qualités et par les services rendus que par les haines communes qu'on se lie.

Exécrer un même homme ! Ah ! la raison puissante pour s'aimer ! C'est par là que la haine n'est point un bas sentiment. Elle dote de certaines beautés les êtres. Comme elle nous amène à fournir notre maximum d'énergie dans une direction unique, elle nous donne forcément sur d'autres points d'admirables désintéressements. Pris tout entiers par une grande haine, nous sommes capables de pardonner de petits froissements, comme il ressort de l'histoire de cette jeune femme qui en pardonna douze.

Une vraie haine emporte tout; c'est dans l'âme une reine absolue, devant qui disparaissent tous autres sentiments. Et entre toutes les haines, la plus intense, la plus belle, la reine des reines enfin, c'est celle qu'exhalent les guerres civiles et que j'entrevis, en décembre 1892, aux couloirs du Palais-Bourbon.

L'EXAMEN DE CONSCIENCE

DU POÈTE

> Paul Bourget (dans *Cosmopolis*) :
> « L'écrivain Dorsenne avait très peu de cœur. »
>
> Réponse : L'essentiel, c'est qu'il ait de l'imagination.

Le Tasse avait épuisé les derniers beaux mois de sa vie. Sur le seuil de sa sœur morte, à Sorrente, il avait pleuré; il avait fait danser les jeunes filles de Bizaccio, et, sous les portiques de Monte Olivetto, par les nuits napolitaines, plusieurs fois encore, il s'était complu à décrire le fantôme qui le visita à Ferrare. Désormais la volupté ni le mystère ne l'intéressaient plus. Tant de génie épandu à strophes pressées l'avait laissé vieillard grelottant. Son imagination, jadis une des plus abondantes de l'humanité, se resserrait en humeur sombre contre la vie, et il n'avait jamais eu beaucoup de cœur, ce qui le privait des consolations ordinaires d'une fin de vie.

Dans les hautes salles si froides du Vatican, où il attendait le triomphe que lui apprêtait un pape enthousiaste, tant de prévenances des amateurs les plus illustres et compétents l'obsédaient. Même il ne réclamait pas son ami, le marquis Manso.

Quelle belle biographie romanesque on pourrait composer de ce Manso de qui l'on ne sait rien, sinon que, tendre, courtois et extrêmement beau, après avoir facilité les derniers jours du Tasse demi-fou et humilié par la misère, il distingua et aima cet autre grand poète, Milton! Ainsi apte à reconnaître les génies, Manso assurément excusait leurs particularités. Il sollicitait d'entrer dans leurs beaux palais imaginaires sans prétendre qu'ils s'intéressassent eux-mêmes à sa petite maison d'honnête homme.

Ce n'était pas d'affection qu'avait besoin le Tasse vieilli, mais de soleil, de longs silences et d'une belle ordonnance autour de son agonie. Dans ce sentiment, il sollicita de se réfugier au couvent de San Onofrio. Nous tous, pèlerins du Nord, nous y sommes montés tour à tour, pour nous livrer au merveilleux fleuve de mélancolie qui nous emportait toute l'âme, dès que nous disposions d'une journée de solitude dans cette Rome confuse et trop vivante.

Le vieil oranger, où se sont assis Byron, Chateaubriand, Lamartine, était jeune alors que s'y abrita la dernière après-midi du Tasse! C'était en mars, mois déjà tiède. L'immense paysage était inondé de lumière et de douceur, mais sans lyrisme ni passion : le poète n'avait plus la force de doter de beauté les choses. Ce n'était pas Rome, son Colisée et sa campagne tragique que son esprit voyait, mais une ville qui prépare son repas du soir dans la laideur et la malpropreté des ruines.

Sa figure ne présentait plus cette inquiétante contraction qui avait déterminé jadis des personnes de bon sens à l'interner chez les fous. « Il est plus calme », disait la foule qui tout le jour se pressa dans l'enceinte du petit couvent, afin de voir le héros de la semaine. Mieux renseignés, ces visiteurs eussent dit : « Le Tasse, aujourd'hui, n'est plus le Tasse ».

En vain, un jeune moine, ému de participer à cette gloire, dénombrait-il au poète les visiteurs : « Voilà les hauts dignitaires de l'Église, les magistrats de la ville, les plus nobles seigneurs, et ils vous admirent ». Le Tasse ne jouissait pas de ces hommages; il avait trop souffert de tant d'injures subies et il divisait l'ensemble des êtres en deux parts : lui-même, puis les autres, qu'il enveloppait de méfiance. Il n'aspirait qu'à n'être plus jugé.

Des jeunes femmes et des jeunes hommes, beaux à voir pour leur santé, leurs parures et leurs galantes amitiés, se tenaient sous les portiques avec leurs lévriers en laisse et des violettes à la ceinture. Mais le Tasse pensait :

« Une plus belle m'a dédaigné! » Et n'ayant plus assez de sève pour la désirer, cette Léonora, et se faire des illusions sur elle, il la détestait comme le principe de toutes ses souffrances.

Au soir l'*Angelus* tinta sur la ville. Fut-ce le son liquide des cloches qui, chez ce grand homme, éveilla ce qui restait d'imagination? Fut-ce la brume qui, couvrant Rome, les pins du Pincio et les pierres déjointes du Colisée, restituait à cet ensemble le tragique du soir sur des ruines? Au moine qui l'obsédait de ses naïves adulations, il répondit : « Ce n'est pas du laurier des poètes, mais de la gloire des saints dans le ciel que je désire être couronné ».

Il avait la réputation de manquer de cœur. Aussi accusa-t-on sa sécheresse, et nul ne se douta qu'il s'épuisait en scrupules sur l'estime où Dieu tiendrait *la Jérusalem délivrée*.

Cependant, à la faveur de l'ombre plus épaisse, s'étaient approchés des hommes et des femmes en haillons, maintenus par des reli-

-gieuses. « Les hospices! » dit le moine, et ce garçon, impressionnable parce qu'il était très nerveux, se mit à pleurer d'admiration qu'un mourant fût célèbre jusqu'à intéresser les malades et les indigents.

... Plus tard encore, les hospitalisés eux-mêmes étaient partis, le Tasse méditait toujours! La nuit couvrait tout. Le moine, las de ce silence, était allé s'émouvoir avec ses camarades. Seule, une petite bossue demeurait à contempler avidement le vieillard, et lui, que n'avaient pas distrait tant de personnes considérables ou gracieuses, vers elle étendit les bras. Lui, immortel pour avoir célébré l'éclat des plus amoureuses filles que je sache dans l'histoire littéraire, le sang frais qui s'échappe des jeunes guerriers mourants, tous les pathétiques enfin de la puberté vigoureuse qui meurt sans inspirer de dégoût ou qui cède à la volupté sans paraître impure, il cria à cette pauvre infirme : « Ne t'en va pas, demeure, tu me seras plus consolante et plus belle que Léonora ». Mais l'enfant bossue, épouvantée, dans la nuit, à grandes enjambées régulières, s'enfuyait.

On crut à un accès de démence; on le coucha, et il mourut cette nuit. Pour moi, à l'encontre des assistants, j'estime qu'il ne montra jamais un raisonnement plus solide, — et j'acquiesce pleinement à la solution qu'il donnait, ce soir-là, au problème de la responsabilité littéraire.

S'il s'enthousiasma devant cette seule petite bossue, c'est qu'elle lui démontra qu'il n'avait pas été un poète inutile. En effet, pour les jeunes gens élégants et pour les jolies femmes, il y a des amis, des maîtresses, des parents, et à leur bonheur il suffit de rencontrer des cœurs qui troublent leurs cœurs. Pour ces favorisés, nulle morte imagination ne vaudra un vivant qui les aime. Mais à une chétive bossue qui des meilleurs cœurs ne peut attendre que de la pitié, un poète, fût-il par ailleurs le plus distrait et le plus sec des hommes, apparaît avec raison comme l'incomparable bienfaiteur. Qu'importe qu'un poète manque de cœur au jour le jour de la vie, s'il distribue de la beauté à ceux de qui l'existence est toute dénuée! Son rôle est de mettre à la vie un masque romanesque.

C'est ainsi que Le Tasse s'endormit assuré de son salut éternel (qui était, pour lui, la grave sanction de ce problème de la responsabilité littéraire qu'on n'agite plus aujourd'hui que par bel-esprit). Il venait de s'assurer qu'il avait donné un son capable de transporter les êtres hors de leurs misères familières. Il n'eut jamais de plus vive satisfaction qu'à constater qu'il avait donné à cette petite bossue le bonheur de voir faux, c'est-à-dire d'être contente pendant quelques heures. Et de là l'enthousiasme qu'il éprouva lui-même, après tant de jours d'affaissement, et dont on surprend le témoignage sur son visage moulé à son lit de mort.

« On y trouve jusque dans le calme de la mort, remarquait Lamartine, on ne sait quelle obliquité des traits qui rappelle la démence luttant avec le génie. » C'est mal dire une chose bien vue. On y trouve ce qui doit être chez tout poète : une sensibilité excessive, une imagination qui emporte tout, capable de nous séparer, de nous aliéner du reste de la vie. En ce sens, c'est un aliéné, et qui fait des aliénés. Il n'a point à s'attarder sur des misères individuelles. Qu'il nous entraîne dans un bel univers, c'est tout son devoir, sa vertu efficace.

Décembre 1892.

DE LA VOLUPTÉ

DANS LA DÉVOTION

Dans les premiers mois de l'année 1893, parut en Belgique un livre intitulé *Une âme princesse*, réponse à *l'Ennemi des Lois*.

Dans une note liminaire, l'auteur, le docteur Pol Demade, disait : « Ce livre répond à *l'Ennemi des Lois*, et il pourrait aussi bien s'intituler *l'Ami des Lois* ; en effet, M. Barrès supprime les lois pour faire les héros de son livre, nous nous soumettons à la Loi pour faire le nôtre. » En un mot, M. Pol Demade pense que le catholicisme, loin de refroidir le cœur humain, en attise puissamment la flamme. Se soumettre à la loi ! voilà le cri de ce catholique passionné, le secret où gît selon lui la plus ardente volupté ; et de savoir s'il a raison, c'est en effet un enivrant problème de psychologie, enivrant par l'intensité de la sensualité qu'on doit trouver sous un ciel où les étoiles sont les regards d'un Dieu.

Quelques pages dans cet ouvrage avaient particulièrement frappé une petite société d'esprits libres ; on les discuta. La jeune femme aimée par le personnage énigmatique que met en scène M. Demade se nomme Albine. « Albine, dit-il, était une dévote, et je ne vous souhaite pas une autre femme qu'une dévote..... Elle ne m'aima jamais plus et je ne l'aimai jamais mieux que le sang de Jésus-Christ dans son sang et dans mon sang.... *J'en étais arrivé à deviner, rien qu'à ses caresses et à ses baisers, le secret de ses communions multiples....* S'il lui arrivait, le matin, d'interrompre mon travail ou mes études d'un baiser plus passionné que d'autres, je lui disais : — Tu as communié ce matin ?...

Plus tard, ce fut pour nous l'expression sacrée entre toutes. Communier, pour nous, c'était *faire provision d'amour.* »

Le dirai-je? Ces pointes extrêmes du catholicisme, cet amour charnel qui dans sa défaillance s'enlace et se fait porter par l'amour divin, ces mélanges sensuels et religieux me sont suspects. Quelque chose d'équivoque m'attire là et me repousse. Certes, je le comprends — étant donné les personnages et le milieu si abondamment exposés dans les neuf cents pages du récit de Mme de Craven — je le comprends, le sentiment qui poussa Albert de la Ferronnays jusqu'à offrir à son Dieu sa vie, pour qu'Alexandrine d'Alopeus, protestante et qu'il aimait, connût la vraie religion. Peu après il mourut, et auprès du lit de leurs brèves amours, devenu par l'intensité de son vœu d'idéaliste un lit de mort, une parcelle de l'hostie qui allait être son viatique fut la première communion de son amie, enfin devenue catholique....

Oui, un tel sentiment et cette exaltation.

encore que je n'aie pas qualité pour les éprouver, je les puis en quelque mesure partager ou tout au moins admirer. *Les Récits d'une sœur!* incomparable chef-d'œuvre mal ordonné, bien gauche de rédaction et trop long, mais tout rempli et frissonnant de cris héroïques, auprès de quoi les interjections chevaleresques de Pierre Corneille sont sèches et sèches aussi les apostrophes humanitaires du jeune Saint-Just et bas notre Rousseau.... Mais cette ardeur impure et, dans l'œuvre de M. Pol Demade, ces deux poitrines, ces deux cœurs qui se pressent avec une fièvre avivée par l'Eucharistie! Ah! je sens là quelque égarement, un trouble, l'ardeur des hérésiarques!

Mystérieuses frontières, ligne idéale où la dévotion, l'amour et le sentiment de la mort se confondent! Comme je l'excuse cette fumée des plus sublimes imaginations et ces tendres secrets des cœurs malades qui, pour avoir raffiné sur les réalités de l'amour, ne parviennent qu'à scandaliser!

Mais le point où l'on fut à peu près unanime

à différer de M. Demade, c'est sur son anathème à « ces hommes si bassement jaloux qu'ils disputent à Dieu le cœur de leur femme ! » On ne le suivit point non plus, quand il déclare : « Je ne souhaite pas une autre femme qu'une dévote. »

Quelqu'un dit : « Je ne me sens pas en mesure de blâmer cette amertume de l'amant auprès de sa maîtresse qui baise les pieds du Christ, un soir de Vendredi-Saint. Elle doit être sincère, cette douleur de sentir qu'on n'emplit pas tout entier celle qu'on aime. Un tel sentiment ne peut être flétri. Il faut quelque indulgence pour les formes même excessives de la jalousie. Et vraiment c'est une chose tout à fait mélancolique de ne se sentir aucune prise sur un être passionné et beau que la noblesse des rêves religieux détourne et dégoûte des bonheurs toujours imparfaits que nous lui pouvons proposer. Tous liens sont coupés entre nous et notre amante dans l'instant où elle se prosterne sur le parvis de son Dieu. M. Pol Demade le nie; il nous refuse le droit de souffrir à cette heure où elle pleure sur un autre que sur nous. Je vois bien par où son sentiment est sublime; il communie dans une même exaltation avec celle qui l'a choisi. Mais j'irai jusqu'au bout, et quand il parviendrait à me guérir de cette jalousie, je regretterais qu'il supprimât de l'amour quelque façon de souffrir. Alléger cette passion d'une parcelle de souffrance, c'est du même trait nous priver d'une parcelle d'amour, car dépouillé de toute tristesse, l'amour serait réduit à peu près à rien ou du moins à de brèves crises d'instinct véritablement négligeables. »

Après un débat assez abondant, on s'accorda sur ceci que ceux-là mêmes qui sont détachés des croyances positives gardent à l'amour un caractère essentiellement catholique. L'influence du christianisme, quelque opinion que nous ayons d'ailleurs sur cette forme de la civilisation, marque tous les détails de notre conception de la vie. C'est un phénomène d'atavisme auquel aucun de nous n'échappe. L'amour, tout en conservant son utilité pratique et bien qu'il donne encore quelques instants pour assurer la perpétuité de l'espèce, a pris une forme religieuse, une exquise idéalité. La plupart de nous s'efforcent d'y faire pénétrer la notion religieuse du sacrifice, du divin. Je le sentis toujours comme un brisement de cœur. C'est une conception où s'accordent les tempéraments les plus opposés, s'ils sont un peu cultivés. Auguste Comte adorant en sa maîtresse l'Humanité entière, n'est pas éloigné de M. Pol Demade cherchant la saveur de son Dieu sur les lèvres de la fille de vingt ans qui pleure de passion dans ses bras.

Quand nous sortîmes, l'un des invités descendant avec moi les Champs-Élysées me conta l'histoire suivante :

Avez-vous habité Rome? C'est là, mieux qu'en aucun lieu du monde, que nous trouvons le moyen d'accorder nos pensées avec l'idée catholique. Toutes nos préoccupations familières s'y ennoblissent de mélancolie, et celle-ci, voluptueuse à Venise, passionnée en Andalousie, polythéiste, me dit-on, en Grèce, à Rome devient religieuse, voire chrétienne.

J'y nouai relation avec un prêtre qui, dans la suite, devint mon ami, comme il l'avait été jadis de Montalembert, de Maurice de Guérin, d'Ozanam et de tous les catholiques romantiques du milieu du siècle. Son âge et la qualité de son esprit lui donnaient quelque prestige devant mon imagination de jeune homme, enivrée par une longue solitude dans cette ville où chancellent les âmes les plus superbes. Ce qui m'accablait, d'ailleurs, plus encore que ce climat épuisant et les souvenirs de Rome et de l'Église, collectivités si lourdes à porter pour un individu, c'était une liaison, contrariée par les mille inconvénients ordinaires, avec une jeune femme romaine.

Une semaine que j'avais erré, sans espoir de l'approcher, à travers les rues si lourdes de cette ville, et peut-être aussi que j'avais voulu distraire ma jalousie, je fus envahi par le sentiment que je ne trouverais quelque paix qu'à raconter mes misères et, d'autre part, que je ne saurais trouver de confident qu'au confessionnal. Je m'adressai à ce prêtre qui m'écouta, comme je l'avais prévu, avec une parfaite indulgence. Seulement, il s'étonnait, d'après les idées que nous avions souvent échangées, que je pusse trouver une volupté si aiguë dans une aventure qu'il devinait, en somme, assez banale. Je m'expliquai plus à fond.

« Je ne l'aime, lui disais-je, ni pour sa beauté, ni pour les contentements qu'elle m'offre; même j'ai quelque horreur de son assurance de jolie femme heureuse : mais elle a, parfois, le matin, la peau sèche et jaunâtre, et le pli lassé de sa bouche m'attendrit de tristesse. Je pense qu'elle et moi nous sommes de petites choses qui nous accrochâmes par hasard dans ce confus carnaval de la vie, et que bientôt, des dix ou trente personnes qui l'entourent, moi seul sentirai encore battre mon cœur quand on prononcera son nom.... Personne ne m'a fait jusqu'alors mieux connaître comme toutes choses sont périssables. Ne me donne-t-elle pas le goût du sacrifice ! Tout bas, j'appelle de mes vœux l'instant où elle sera vieille et moi encore un homme jeune. Nous aurons quarante ans l'un et l'autre, et, cessant de m'être une occasion de médiocrités, comme est tout désordre, elle me demeurera pourtant un fiévreux prétexte à mélancolie, — qui est ce que je préfère. »

Ce prêtre, qui ne détestait que les tièdes et ne désespérait jamais des passionnés, déplora mon égarement sans le mépriser. Il prit dès lors quelque plaisir à visiter avec moi les choses d'art, que nous goûtions à peu près de la même manière, mettant au-dessus de tout les œuvres ardentes et graves.

Un jour que nous passions devant l'église *della Vittoria*, il m'invita à contempler avec lui la fameuse *Sainte Thérèse* du Bernin, — grande dame autant que sainte, évanouie d'amour et défaillante d'un alanguissement tel qu'en aucune alcôve du monde il n'en est de plus voluptueux. Je ne fus pas à demi surpris qu'il éprouvât devant cette divine personne le sentiment de ferveur que me révélaient son agenouillement et sa prière. Il distingua mon étonnement et ne répugna point à s'en expliquer.

« C'est, me dit-il, qu'avant d'entrer dans les ordres, j'ai beaucoup aimé une jeune maîtresse, et tout à l'heure je demandais à Dieu de la délivrer, soit des tentations de ce monde, soit des supplices du purgatoire (car je me suis imposé d'ignorer toujours si elle vit encore). Chaque fois que je passe devant une image qui me permet de contenter le souvenir que j'ai gardé de cette délicieuse complice, sans m'écarter des préoccupations religieuses auxquelles je me suis voué, je renouvelle ma prière. La *Sainte Thérèse* du Bernin, par ses allures de grande dame amoureuse et de sainte passionnée, se prête exactement à cette confusion et convient à élever jusqu'à l'extase pieuse ce qui demeure en moi de tendresse ou de complaisance humaine. »

Cet honnête artifice qui permettait à ce prêtre de se rappeler ses troubles de jeunesse, je ne pus m'empêcher de le rapprocher du sentiment grave que je mêlais moi-même à mes galanteries. Il me sembla qu'une sensibilité analogue nous inclinait vers la religion. C'était sans doute son opinion secrète, car notre intimité augmenta, et, six mois plus tard, quand je dus revenir en France, sachant que je visiterais Sienne, il me donna une preuve très touchante de sa confiance et aussi de sa connaissance de mon état : il me remit une oraison qui lui était familière et me demanda de la prononcer en son nom, à *Saint-Dominique* de Sienne, devant le fameux *Évanouissement de sainte Catherine*, du Sodoma.

J'étais moi-même fort affligé de quitter les lieux où vivait ma belle Romaine; le talent si touchant du Sodoma, la singularité de la démarche, poussèrent-ils à bout mon esprit déjà ébranlé de chagrin? La délicieuse nonne pâmée aux bras de ses suivantes, la tête renversée de volupté et les yeux noyés d'extase, me rappela les brèves maladies dans lesquelles la jeune femme qui remplit ma jeunesse m'avait passionné plus encore que par l'épanouissement de ses vingt-cinq ans. L'heure que je passai dans la noble et solitaire église siennoise me fit goûter les charmes de la religion et ceux de ma maîtresse confondus, avec une vivacité dont le souvenir, parfois retrouvé devant telles poupées divines, mais plus barbares, d'Espagne, m'apparaîtra à mon lit de mort, je le prévois, comme la minute où je vécus le plus abondamment.....

Hier encore, dans la petite cathédrale de Prague, si pauvre mais fortement parfumée et encombrée de figures coloriées, ma mémoire sensuelle retournait vers ces ardentes alcôves que sont telles églises d'Espagne et d'Italie. Combien de fois, dans un espace de dix années, n'ai-je pas fait oraison selon la méthode de mon vénérable ami de Rome! Pour me conformer à son désir, j'ai brûlé le papier, mais à défaut des termes c'était un parallèle entre ces merveilleuses images de dévotion créées par le Bernin, par le Sodoma et la maîtresse pour l'âme de qui il priait. Afin d'intéresser sainte

Catherine, il lui disait comment son amante, elle aussi, eût été digne d'inspirer le peintre. Avec une grande chasteté d'expression et plutôt en esthéticien qu'en amant, il décrivait ces seins, ces hanches, ce port de tête, ce corps ployé, ces beaux yeux noyés de tendresse et ce soupir qui monte jusqu'à leurs lèvres. Et chacune de ces strophes, d'une piété qui surprendrait et peut-être offenserait partout ailleurs qu'à Séville et à Rome, se terminait par ce cri vers la sainte : « Le soupir qui gonflait le sein de ma maîtresse, ô sainte! je le recueillerai sur tes lèvres. »

Et voilà, conclut mon narrateur, ce qu'est, tout au fond, le néo-catholicisme : une façon de mêler la sensualité à la religion. C'est de la piété indifférente au dogme, le goût du brisement de cœur : une volupté, mais à peu près dépouillée de bassesse.

Nos contemporains, loin de l'inventer, n'ont rien fait qu'amoindrir l'équivoque exquise dont furent troublés Fénelon et la douce Guyon, Lacordaire et la vieille Madame Schwetchine.

Mars 1895.

EN ESPAGNE

Avril-mai 1892

I

EXCUSES A BÉRÉNICE

J'ai beaucoup connu et caressé une jeune femme nommée Bérénice, et pour qu'elle fût ennoblie d'une atmosphère harmonieuse aux sentiments mélancoliques et fiévreux que je lui voyais, je l'ai installée dans le pays d'Aigues-Mortes. Ces landes si bien nommées et la sensibilité de Bérénice, qui est, elle aussi, une eau morte d'où montent des rêves au soleil couchant, firent, en se confondant dans l'esprit de quelques-uns, un jardin dont ils me surent gré.

Oui, quand je présentai ma maîtresse Bérénice aux personnes de mon monde, les plus sévères sourirent à cette petite fille. Et pourtant l'ai-je mise à même de jouer dans son entier le rôle pour lequel elle était élue? A cette enfant de grande ressource, ai-je bien fait produire tout ce qu'elle contenait? Il y avait dans cette fille de mœurs si douces et si récentes une force incontestable de poésie. Mais la petite secousse qu'elle mettait dans le monde s'est-elle prolongée aussi loin qu'il était possible? La qualité de la vie qui battait sous cette peau d'un grain si délicat m'aurait permis peut-être de placer Bérénice au premier plan, par exemple dans une grande intrigue sociale ou dans une localité célèbre, tandis que nous ne l'avons vue que modeste ermite d'un paysage de troisième ordre.

Ces scrupules m'assaillirent avec plus de vivacité un de ces derniers soirs que j'étais à Tolède. Depuis la terrasse voisine de la Puerta del Sol, qu'elle est puissante et vaste dans la nuit, la vue sur les ruines du faubourg d'Antequerula! Beauté que je n'ai pas épuisée et que je ne reverrai plus, j'eusse voulu vous amener

Bérénice par la main, afin qu'elle bénéficiât du style de ce site, sol, végétation, ville et ravins d'une intensité de dureté telle, que Tolède, sur mes souvenirs d'Espagne, surgit avec la violence du cri furieux qui soudain montait dans la douceur des dimanches d'Andalousie au-dessus de la Place des Taureaux.

Avec ses maisons aux fenêtres rares et sévères, toutes closes de grilles, avec ses âpres ruelles enlacées sur la roche ardente, avec les côtes décharnées qui l'entourent, fertiles seulement en cailloux et en parfum violent, Tolède, pour Bérénice, pour cette fillette intense qui n'avait d'autre mission que d'attendrir les imaginations dédaigneuses, eût été une cage extrêmement convenable.

Sans doute Bérénice ici n'eût pas eu les fièvres qui montent le soir des étangs d'Aigues-Mortes, mais pour justifier son épuisement ces étroites rues auraient suffi, toujours grimpantes et descendantes, où seul le mulet ne désespère pas. Et ces pierres pointues parfois froisseraient sa cheville au point que ses yeux s'emplissent de pleurs.

Quant à la solitude, qu'est celle d'Aigues-Mortes auprès de l'indigence du désert sublime où Tolède a bâti son trône, — trône gâté de romantisme, mais tout de fer sous ces fausses fleurs! A Tolède, petite fille, je t'eusse fait manger par le soleil. Je te vois au soir d'une journée de fournaise, assise ou plutôt couchée au-dessus de la porte Visagra, sur la plus haute terrasse d'où la ville surplombe le ravin, aspirer la fraîcheur qui monte des boues du Tage, tandis qu'en face de toi, le dos pelé de la dure côte, courbé sous le climat comme un mulet, par son accablement contribue encore à ta défaillance.

D'ailleurs, si toute cette rudesse de Tolède ne suffisait pas à opprimer Bérénice et à nous la faire attendrissante, ainsi qu'il est nécessaire, par un dernier trait nous saurions l'affliger : dans cette ville cuite et recuite, où l'odeur de benjoin qui vient des rochers rejoint l'odeur des cierges qui sort de l'immense cathédrale, nous montrerions l'enfant affamée !

En effet, il est hors de doute qu'elle, si dégoûtée, n'eût pu se satisfaire de la cuisine trop brève et trop malpropre de cette noble cité. Je le jure, le bienheureux Pacôme, qui fut béatifié pour ce qu'il avait mal mangé pendant vingt années de Thébaïde, n'est pas plus méritant que celui qui s'installe à Tolède, et, comme lui, Bérénice, aux dépens de son estomac, se fût constitué des titres sérieux à notre culte.

Ah! je te connais bien, telle que tu pourrais exister, Bérénice de Tolède ! Pour que tu sois possible et intéressante, voici la biographie que Dieu devra te donner :

Tu es une fille d'Andalousie, une petite mule comme elles sont toutes, avec des pieds qu'enfermerait aisément la main, mais qui sont après tout moins des pieds dessinés de chrétienne que de gentils sabots tout ronds faits pour sonner à terre et scander les provocations dans les danses. Transportée de ta belle patrie, de Malaga, par exemple, où les femmes, les chevaux et le vin sont somptueux et lourds de vie, dans l'indigente Castille, tu aurais manifesté par un contraste violent quelle opposition il y a entre ton génie libre et facile et l'ascétisme de la vieille Espagne.

Nous signifier les tristesses de l'instinct contrarié! c'était déjà ton rôle à Aigues-Mortes. Ta poésie, ton enseignement, c'était d'être une petite bête de joie, de liberté, durement froissée par les règles. Mais tu étais chez nous toute en nuance et, malgré ton indignité, une petite fille de style français, une racinienne. Tolède t'accentuerait singulièrement dans tous tes traits. De France en Espagne, je t'aurais peut-être enlevé de la grâce, mais pour te donner ce tour de rein qu'ils ont tous là-bas, hommes et femmes, artistes et amoureuses. Ce n'est plus au *Musée du Roi René*, rempli de cet art lucide, un peu glacé, si fin, de la première Renaissance française, que se fût composée la qualité de ton âme; tu te fus endurcie parmi les tragiques poupées qui nous offrent dans l'ombre des églises espagnoles les plaies de Notre-Seigneur et de ses martyrs. Ta distraction n'eût pas été de baiser les longues oreilles de ton âne, mais de courir à la Place des Taureaux et d'y applaudir fortement la bête sanglante joutant avec de beaux hommes.

Au résumé, Bérénice, d'Aigues-Mortes passée à Tolède, mais toujours émouvante dans le même sens et fidèle à ton rôle, qui est de faire aimer l'Inconscient, tu aurais simplement monté de ton l'enseignement que tu nous dispenses. Ce n'eût pas été un médiocre résultat, car, bien que tu ne sois pas fade, je t'assure, tu toucherais des imaginations plus nombreuses en accentuant ton tour de reins. Au lieu d'être une de celles que goûtent les esprits fatigués, tu aurais été pressée dans les bras d'hommes passionnés. Et c'est d'avoir négligé de t'installer ces plaisirs que je te présente mes excuses, ô ma tendre pleureuse!

II

SUR LA VOLUPTÉ DE CORDOUE

J'étais assis sur les marches de pierre, à l'ombre des murs, dans la cour de la mosquée de Cordoue. Le gardien, l'heure de son déjeuner venue, ne m'avait pas permis de rester dans le sanctuaire, et, par ce*** bell*** après-midi de mai, j'attendais que, sa sieste terminée, il rouvrît les portes. Devant moi, sous les palmiers, passaient les enfants qui vont à la fontaine, et je les louais de savoir tenir leurs amphores sur leurs hanches naissantes. Chaque fois que ces petites Sarrasines posaient leurs pieds souples, j'admirais le frémissement de jeune bête qui courait dans tout leur corps, dans leurs jeunes corps, crottés et délicieux comme un raisin du bas du cep.

Près de la vieille mosquée et dans ce verger d'enfants, mon imagination, excitée par cette atmosphère de mort et de voluptés éphémères, évoqua des vers de mon cher Jules Tellier,

> Philippe, Hérennius, Géta, Diadumène....

harmonieux développement sur les Césars enfants, princes de la jeunesse aux lèvres faites pour les baisers, que l'univers fêtait et qui soudain, les légions acclamant un nouvel empereur, étaient assassinés avec leur père :

> Et je plains ces Césars si beaux, et plus qu'eux tous,
> Ce Philippe l'Arabe au regard triste et doux,
> Qui n'avait pas encor douze ans, quand un esclave
> A son tour l'égorgea sans qu'il poussât un cri,
> Qui savait tout d'avance et n'a jamais souri.

Quel décor eût mieux convenu à ces émouvantes images que Cordoue qui fut amoureuse de Pompée, où Sénèque naquit, où toute femme nous assassine d'un regard et d'un tour de hanches sarrasines ? Antique Cordoue, mêlée de légendes romaines et mauresques, sinistre et attirante dans l'histoire comme une bague dans une mare de sang !

Entre les innombrables colonnes de sa mosquée où le marbre, le porphyre et le jaspe prennent des teintes d'une beauté sensuelle comme de la chair ou des velours, dans les furtifs jardins intérieurs où luisent doucement les faïences, tout le jour je crus entrevoir la tête si grave et si jeune de Philippe l'Arabe dont le teint mat ne fut altéré que du sang qui jaillit, le jour qu'on la planta sur une pique.... Et le soir, voici la biographie que je me plus à lui composer, au soleil couchant, dans les jardins où fuit le Guadalquivir, auprès de Cordoue toute parfumée des jasmins que portent ses femmes dans leurs cheveux.

J'imagine qu'il vint, Philippe l'Arabe, dans cette campagne où je me satisfais, ce soir, de solitude. Et là même où ces bœufs soufflants, casqués de fleurs entre leurs cornes et noblement écorchés par le dard des agaves, reviennent en foulant les bardanes, les glaïeuls et les durs cailloux, pour réjouir et honorer le jeune César, fut organisée, sous des palais improvisés, une grande fête.

Je ne puis me composer une image précise, comme feraient des érudits, de ce que fut cette soirée, mais à toutes les époques, des hommes et des femmes mêlés se désirent les uns les autres, en même temps qu'ils s'envient. Parmi toutes ces vanités dont il était le centre, au milieu de ces corps impurs et délicats, froissés de bijoux, Philippe était étourdi par la poussière et les obsessions des femmes. Il ne regardait avec plaisir que deux jeunes filles d'Angleterre, amenées là par quelque hasard. Leurs corps semblaient exister à peine, et l'on s'attachait seulement à leurs physionomies et à leurs yeux, qu'elles avaient divins. Le corps des femmes faites effrayait Philippe. Les plus belles le regardaient d'une telle façon qu'il craignait qu'elles le prissent rudement dans leurs bras, comme avaient fait les légionnaires pour l'acclamer empereur. Même quelques-unes des plus ardentes portaient la main sur lui et ne craignaient pas de froisser ses forces naissantes.

Alors ses chambellans, connaissant sa manie, firent écarter la foule; les lumières s'éteignirent, la tiédeur des nuits d'Andalousie pénétra la salle, et un chanteur merveilleux, qui seul pouvait détendre le cœur contracté de l'enfant, s'avança.... Quand les dernières notes se furent échappées de son gosier, on ranima les torches, et à ce moment toutes les femmes, se tenant par la main, coururent sur une grande ligne et d'un pas rythmé jusqu'à son trône, comme on voit dans les ballets. Avec l'aube naissante, l'épuisement de l'Arabe était infini. Disposé par le surmenage nerveux aux tendres cultes de l'Orient, il n'avait pas de religion, car l'armée et non les temples avait disposé de son enfance. La ressource d'Héliogabale lui manquait qui, si souvent, au milieu des murmures romains, se renversa sur son siège, dans les cérémonies publiques, pour ne pas perdre de vue son Dieu qu'on portait derrière lui. Mais contemplant toutes ces femmes aux bras levés, aux poitrines nues, et leur éclat passionné, et leur cou si mollement rejeté en arrière, et la vigueur de leur danse, il ne put retenir les pleurs sans cause qui soulevaient sa poitrine d'enfant encore impubère.

Et comme on s'empressait : « C'est, dit-il, que je pense qu'aucune d'elles ne sera belle dans vingt ans. »

Sans le comprendre, on persistait à s'excuser et à déplorer que cette fin de fête eût été pénible pour lui ; mais il répondit : « De toute la soirée, c'est le premier plaisir que j'ai eu. » Et les rhéteurs ajoutèrent : « Il étouffait de ne pouvoir pas pleurer. »

Le hasard fit que dans l'orgie militaire qui suivit son départ, un incendie terrible se déclara, où presque toutes les femmes furent brûlées. Le César voulut qu'on leur rendît les honneurs, mais il avait pleuré à l'idée qu'elles étaient périssables et il ne pleura point qu'elles périssent.

Tristesse et volupté mêlées, à dire vrai indéfinissables, premières mélancolies que procure la beauté, mais aggravées ici par un isolement hors nature. Misérable et abandonné au faîte de l'empire, sur le sommet du monde, il souffrait que tous les rapports entre lui et les êtres ou les choses fussent faussés.

On affirme qu'il y a tel de nos contemporains, M. Poincaré, le mathématicien, par exemple, qui ne saurait traiter de ses préoccupations habituelles avec plus de deux ou trois personnes en Europe ; nul autre ne l'entendrait. Pour la métaphysique, il en va de même. Or Philippe l'Arabe ne composait point ses pensées dans un ordre si rare, mais les circonstances lui avaient composé une situation analogue, un pareil isolement.

Il manquait à cet enfant le minimum des contrariétés auxquelles, depuis des siècles, l'espèce humaine est habituée, au point que pleurer un peu est devenu une fonction naturelle qu'il nous faut satisfaire à tout prix. Réduit à une extrême ingéniosité pour satisfaire son besoin de s'attendrir, il en arrivait à saisir au vol des émotions qu'eussent négligées l'ordinaire des malheureux. Il ne laissait perdre aucune occasion d'être froissé.

Nous avons vu que les honneurs des hommes et les avances des femmes l'épouvantaient. Je crois qu'il usa d'une méfiance analogue à l'égard des chiens : il les trouvait trop empressés. En revanche, il se plaisait parmi les plantes, et, parce qu'elles ne le léchaient pas, il les aimait : avec elles seules il se sentait dans un rapport naturel.

J'imagine que le jour où les soldats soulevés égorgèrent ce César, au teint mat et aux grands yeux, c'est dans les jardins du Guadalquivir, sous les feuilles des bananiers, derrière des haies de jasmins ouverts qu'ils le trouvèrent. Jasmins jaunes enivrants de parfums, grands cistes blancs si purs et dont les pistils dorés frémissent entre les pétales immaculés, et vous surtout magnolias gigantesques exubérants de fortes fleurs, je vous vis plus beaux qu'aucune assemblée de courtisanes. Vous m'avez fait entrevoir quelle souffrance doit être le bonheur parfait ! A votre contact et dans votre amitié, toutes les souffrances se dissipent au point qu'à Cordoue on a des pleurs dans les yeux, sans cause et sans douleur, simplement pour dépenser la quotité de larmes qui a été dispensée à chaque créature....

III

LES BIJOUX PERDUS

Je n'ai pour couvrir ce feuillet qu'une idée, un souvenir très bref, mais qui me remplit d'une sensualité triste, aussi large et abondante que la senteur mise dans un alcarazas par trois gouttes d'essence de la rose des califes.

Ce souvenir, c'est un quart d'heure que je passai à la manufacture des tabacs de Séville. Et le troupeau de filles que j'y traversai par cette accablante journée m'a laissé une impression qui ne s'évaporera pas plus que le parfum laissé dans mon flacon par les œillets, les basilics et les jasmins pressés aux jardins d'Andalousie.

A l'heure de midi, après avoir franchi des rues et des cours que dévorait le soleil, dans un énorme bâtiment mi-soldatesque, mi-religieux, j'ai visité, le long de salles immenses, cinq mille femmes environ, les fameuses *cigarreras* sévillanes qui, avec un vacarme inouï de chants et de bavardages, roulent en cigares et cigarettes les feuilles de tabac.

Cinq mille Sévillanes! qui, dans ces ateliers perpétuellement rafraîchis d'eau et semés d'une excitante poussière de tabac, sont mi-dévêtues et font voir, sans plus de gêne que leurs yeux incomparables, leurs beaux cheveux ou leurs petites mains brunes, des bras ronds, des seins dorés, toute leur gorge, leurs mollets, et par-ci par-là ces jolis bijoux de noms trop peu gracieux pour que je veuille en dégrader ce tableau.

De ces filles, les unes balançaient du pied le berceau de leur enfant, les autres à leurs côtés maintenaient un chien, quelques-unes avaient interrompu leur travail pour se tapoter de poudre de riz ou relever leur teint de rouge,

LES BIJOUX PERDUS.

presque toutes avaient un miroir sous la main, toutes enfin portaient dans leurs cheveux une fleur éclatante et bavardaient.

Il y avait des petites de douze ou treize ans, mais la grande majorité faisait voir des corps en âge d'être aimés; et quelques vieilles femmes éparses contribuaient à rendre plus excitantes encore la jeunesse et la vivacité qui les enveloppaient et semblaient les avoir asphyxiées comme un parfum trop fort.

Pourquoi donc, si joyeuses, ces *cigarreras*, ne me laissent-elles que de la tristesse? Pourquoi de ces jolies bêtes entassées, de ces vraies étables d'amour, n'ai-je pas emporté, comme il semblerait, une note joyeuse de vie éclatante et facile?

Je le perçois maintenant : c'était mélancolie de tant de joyaux gaspillés.

Ces yeux noirs auraient pu donner des pleurs incomparables à ceux qui savent goûter les larmes des femmes; ces seins fleuris auraient pu palpiter, ils ne frissonneront jamais que de plaisir sensuel; ces petits pieds méritaient de souiller et de détruire les plus admirables broderies, ils ne courront jamais qu'au faubourg du Triana. Eh! je le sais bien, qu'au faubourg de Triana comme d'ailleurs, on répète la chanson d'amour, la chanson avec les gestes. Mais, si belles, elles méritaient d'inspirer des airs nouveaux.

A la sortie des cigarières, j'ai vu, ce que j'eusse deviné, quelles mains indignes allaient manier ces chers bijoux. Ces créatures, si joliment faites pour collaborer à des sensibilités raffinées, ne satisferont que de simples sensualités. C'est jeter des perles. Tant de beauté gaspillée, c'est la coupe du roi de Thulé, dont s'attristent toutes les personnes délicates.

A Séville sont quatre mille femmes dont l'exquise beauté peut être dite inemployée, puisqu'on ne leur demande que le plaisir des sens, et cette beauté, outre qu'elle est ainsi gaspillée, ne dure pas plus de quelques années.

Qu'une merveille soit méconnue, un trésor enfoui, ce n'est point cela qui est mélancolique. Mais une merveille qui est en train de disparaître! Voilà le trait qui complique de fièvre toute volupté! Être périssable, c'est la qualité exquise. Voir dans nos bras notre maîtresse chaque jour se détruire, cela parfait d'une incomparable mélancolie le plaisir qu'elle nous procure. Il n'est point d'intensité suffisante où ne se mêle pas l'idée de la mort.

Le jour où quelqu'un de nous voudra écrire une histoire de la volupté cérébrale, il devra consacrer une place importante au roi Xerxès, de qui les historiens nous rapportent cinq ou six traits qui vont profondément dans notre cœur, et tels qu'on n'en trouve pas chez nos plus raffinés modernes. Ce mélancolique qui avait le pouvoir suprême, les plus belles maîtresses et l'incomparable climat d'Asie, promit un prix à qui lui trouverait une volupté nouvelle. Et cette volupté, c'est lui-même qui l'inventa : « Il se donna le plaisir de pleurer en contemplant son immense armée et en songeant que de tant d'hommes pas un ne vivrait dans cent ans. »

C'est un sentiment de même qualité

qu'éprouve un passant devant ces belles créatures qui, depuis des siècles, se succèdent et disparaissent sans que leur beauté jamais ait été pleinement respirée.

Dans cette même manufacture, à Séville, travaillent aussi quelques centaines de mules. On les emploie à tourner des machines qui hachent le tabac. C'est en ce sens que la cigarerie est bien un résumé de cette Andalousie qui vaut par ses fruits, ses fleurs, ses mules et ses femmes. Et quand les filles que je décris ne se sont parées que de fleurs et ne se nourrissent guère que de fruits, j'aime qu'elles collaborent aussi avec des mules.

Si j'avais rapporté de là-bas quelque témoignage, ce n'eût été ni des fleurs, ni des fruits, car leur éclat toujours éphémère s'assombrit en quittant la fureur du ciel andalou. Ce n'eût pas été davantage une de ces enfants, car, dans notre Paris, elle deviendrait aussitôt une créature déplacée, une curiosité. Mais j'eusse voulu choisir une mule aux longs yeux sur laquelle j'aurais fait monter durant quelques jours les plus belles filles de Séville; je l'aurais envoyée aussi dans les vignes avec les vendangeurs; puis encore elle aurait librement brouté les plus belles fleurs du Guadalquivir. Alors seulement je l'aurais emmenée à Paris, et parfois au matin allant la flatter dans son écurie et baisant ses grands yeux dont la douceur et la gravité passent les plus beaux regards d'amour, je me serais plu à respirer et caresser sur son poil tant de chers souvenirs.

IV

UNE VISITE A DON JUAN

Un jour, à travers les rues brûlantes de Séville, si gaies, pleines d'une beauté desséchée et entraînante comme le rythme des castagnettes, parfumées des œillets piqués dans les cheveux des femmes, je gagnais l'*hospice de la Charité*.

Par une cour abritée de quelques arbres, rafraîchie d'un bassin de marbre, j'entrai dans la chapelle. L'obscurité était telle que je distinguai mal une femme, couverte de longs voiles noirs, qui chuchotait à un prêtre ses péchés, ses passionnés péchés....

Une sœur m'indiqua un tableau : *les Deux*

Cadavres dévorés des vers, l'œuvre célèbre et horrible de Valdes Leal.

Par un rideau habilement tiré, soudain le jour tomba sur la toile théâtrale, et je vis, avec les teintes affreuses de la décomposition, un cadavre d'évêque, un cadavre de roi, vêtus de suaires, sauf la face, où naissaient mille vers. Dans le fond, tout un charnier de crânes et, par-dessus, la balance mystérieuse du catholicisme, où sont pesés les mérites et les démérites.

« Voilà un tableau que l'on ne saurait regarder sans se boucher le nez », disait Murillo. On le connaît, puisqu'il a été gravé dans l'histoire de Charles Blanc, mais sait-on qui le commanda à Valdes Leal? Coïncidence qui fera songer, l'amateur qui voulut cette peinture, qui l'inspira et la paya, — c'est don Juan, le fameux don Juan, de Molière, de Byron, de Mozart, des mille et trois femmes....

On sait qu'à Séville, au dix-septième siècle, vécut un débauché puissant, don Miguel de Manara Vicentello de Leca, qui, pour satisfaire sa frénésie de sensualité, assassina des hommes et fit pleurer toutes les femmes pâmées de sa séduction. Sa beauté, ses amours et l'agitation de son cœur ont depuis rempli le monde, et, même mort, il trouble encore, car c'est de ses aventures que les poètes ont pétri don Juan.

A la suite d'une vision sinistre, où il assista à ses propres funérailles et vit son cadavre, il fit pénitence et sollicita son admission dans l'ordre de la Caritad. On peut même dire qu'il l'organisa. C'est une société qui a pour but d'assister les condamnés à mort pendant leurs derniers jours, de les accompagner au supplice, puis de recueillir leurs cadavres jusque-là laissés en pâture aux animaux. Des hommes de toutes classes, grands seigneurs et courtisans, portent ainsi sur leurs épaules les pendus et les guillotinés, car tel est le règlement tracé par don Miguel, vrai chef-d'œuvre de sentiment pitoyable. Cette biographie, à laquelle s'impose pour épigraphe l'inscription même qu'il fit placer dans ce tableau des *Deux Cadavres*, « Finis gloriæ mundi », on la connaît; elle a passionné l'imagination populaire et les poètes depuis trois siècles. Mais ce qu'on n'a pas commenté, c'est que de cette « Caritad », il commanda la décoration lui-même à Valdes Leal. Quelle lumière ce livre de comptes jette sur l'état d'âme du grand passionné!

Pour moi, d'une telle coïncidence, je ne m'étonne pas. Quelques-uns trouvent, en effet, un âpre plaisir dans les horreurs de la décomposition. Ces épouvantes attirent les êtres de qui les nerfs ont épuisé beaucoup de façons de s'émouvoir. Cela les secoue pour un moment, les désennuie, réveille leur sensibilité usée sur tous les autres points. La volupté et la mort, une amante, un squelette, sont les seules ressources sérieuses pour secouer notre pauvre machine que tout épuise; — et encore, bien vite auprès d'eux on s'endort!

Ils sont fréquents, dans la légende des siècles, ces rassasiés qui s'enivrent d'horreurs. Dans le même temps où don Juan, de Séville, commandait à Valdes d'ouvrir les charniers, un Français, de même ardeur emportée, et tragique, Rancé, subissait un tête-à-tête plus lugubre encore. « En montant tout droit à l'appartement de la duchesse de Montbazon où il était permis d'entrer à toute heure, au lieu des douceurs dont il croyait aller jouir, il y vit pour premier objet un cercueil et, posée dessus, la tête toute sanglante de sa maîtresse qu'on avait détachée du reste du corps, afin de gagner la longueur du col, car le cercueil était trop court. »

Don Juan organise une confrérie religieuse; Rancé fonde la Trappe. L'un et l'autre s'adonnent aux pratiques ascétiques. Comme je voudrais me pencher sur leurs yeux dans l'instant même où des cadavres s'y reflétant transformaient brusquement leur être !

Du moins ai-je eu le vif plaisir d'imagination d'examiner le portrait d'abord, puis, mieux encore, le moulage qu'on a pris de don Juan sur son lit de mort. Examiner, toucher la physionomie de cet homme qui prêta à la formation d'une des plus profondes légendes de la sensibilité moderne, n'est-ce pas déjà très excitant? Cette galante relique, les esprits vraiment religieux me comprendront, nous donna une impression plus grave que tant d'ossements sacrés qui remplissent les églises d'Espagne.

Nul doute pour qui l'examine, don Juan était une âme sans complication, mais forte, et de vie intérieure trop vigoureuse pour s'embarrasser d'aucun obstacle. Il ne lui coûta pas plus d'étonner le monde par sa conversion qu'auparavant d'épouvanter les timides, de scandaliser les sages et de désespérer ses amantes, tôt délaissées après tant d'amour.

Valdes Leal, dans un portrait authentique, nous le montre, converti qui disserte. Le doigt levé, assis devant des traités théologiques, il réfute et affirme de l'air d'un militaire à moustache. Certes, il est bel ainsi, mais de la mort il reçut plus de noblesse que de sa conversion même. L'agonie a sublimé ses traits qui, tant qu'il vécut, n'étaient pas extrêmement intelligents. En mourant, il devint digne de sa légende. C'est à cet instant qu'il s'égala soi-même. De don Miguel il passait don Juan. Soudain, sur son masque de cadavre, apparurent cette passion, cette gravité dont il avait toujours été rempli, car, alors même qu'il faisait la débauche, ne le prenez pas pour un voluptueux frivole, mais pour un homme qui s'acharne vers le bonheur et joint à la fureur de ne le point trouver l'amertume de propager la douleur dans le monde.

Ah! qu'il dut lui paraître facile de quêter pour les pauvres, à lui qui tant d'années avait quêté pour être heureux! Et que les refus brusques des riches qu'il importunait lui furent légers auprès des larmes de celles qui ne refusaient rien à cet irrésistible et pourtant ne pouvaient pas lui donner l'obole de bonheur dont il était si avide. Voluptueux qui, après avoir serré dans ses bras tant de jeunes corps des meilleures familles, ne se satisfit qu'à porter les cadavres des pendus.

On attache beaucoup trop d'importance pour l'ordinaire aux circonstances de la vie.

Que nous passions notre existence dans telle ou telle occupation, cela est peu caractéristique. Chacun suit la route qui passe dans son village ; celui-ci va dans les cloîtres, cet autre dans les casernes, ce troisième sera cuistre dans les bibliothèques et ce quatrième courra les maisons de joie. Sur ces allures extérieures, n'allez pas classer les hommes ! Observez plutôt la façon dont ils sont émus, leur manière de prendre des résolutions, ces secousses décisives qu'ils ressentent, chacun dans leur sentier. Saint Paul, sur le chemin de Damas, Loyola, à une autre époque, font voir exactement ce même phénomène de la volonté qu'on observe chez don Juan Tenorio. Voilà des rapprochements qui confirment l'analogie que nous trouvons aux cas de Juan et de Rancé, et par là peut-être choquons-nous. Mais en voici bien un autre : ce plâtre si grave, quand je le contemplais à la Caritad, soudain m'évoqua les traits mêmes de Pascal.

Ce don Juan qui, sans doute, n'écrivit pas les *Provinciales*, mais qui argumentait passionnément et qui, lui aussi, pour se convertir, établit sa foi sur son effroi de la mort et sur son désenchantement, ne me déconcerte pas quand ses traits, ennoblis par l'agonie, prennent un air de famille avec ce fiévreux Pascal. Puisque une détresse analogue commandait tous leurs mouvements intérieurs, quoi d'étonnant que des lignes semblables soient apparues sur leurs visages que ne déformaient plus d'influences extérieures ?

Il est fâcheux qu'on ne puisse obtenir un moulage du masque de don Juan. Coulé en bronze, il ferait un bel appui pour la main. Mais la congrégation de sœurs installée à la Caritad ne veut point qu'on le caresse encore. Plaisante revanche ! Celui que les femmes les plus passionnées ne purent fixer malgré leurs pleurs, est aujourd'hui le prisonnier de vierges froides. Par elles, la reproduction de don Juan est interdite.

V

LE PAGE DES CHIENS COURANTS

« — O beaux raisins jaspés que l'on coupe la nuit dans les vergers de Triana et que l'on trouve le matin si frais et ruisselants de rosée ! Existe-t-il un fruit plus charmant pour réveiller le goût? Je n'espère plus revoir ces temps heureux.

— Mon ami, ce souvenir est un piège du démon. »

Ce fragment dialogué de Cervantes dans son merveilleux drame : *El rufián dichoso*, Le rufian heureux, s'était fixé dans ma mémoire au point que Triana, depuis des années, avait pris pour moi une valeur légendaire et m'apparaissait comme un des vergers romanesques du monde. Aussi, l'une de mes premières voluptés à Séville, — Séville, dont je fais aujourd'hui la commémoration annuelle — fut-elle de franchir le pont brûlant du Guadalquivir pour visiter, sur l'autre rive, le faubourg de Triana.

Nul verger, nuls raisins coupés! La nature n'y témoignait de ses belles énergies que par de grands garçons tout nus et de couleur dorée qui somnolaient avec leur vermine à l'ombre de leurs malpropres maisons. Une faïencerie installée là par des capitalistes anglais désireux de profiter de l'incroyable bon marché de la main-d'œuvre me révolta : dégradation d'un peuple contraint à chauffer les fours par cette terrible température à une heure que, de père en fils, ils consacraient à la sieste!

Je suivais lentement les raies d'ombre, jouissant du pittoresque des gitanes, des petits ânes, des ordures amoncelées, et m'attardant aux églises toujours fraîches et imprévues. Enfin, revenant au Guadalquivir, je m'assis fatigué sur la petite place à l'entrée du pont.

dans l'ombre d'une croix de mission. Nous étions là une centaine d'êtres ne pensant à rien qu'à la brise, plus faible que d'un éventail, apportée par le fleuve : mendiants qui priaient, ouvriers harassés attendant le tramway, filles demi-nues avec leurs bâtards, vendeuses de fruits; le tout couvert de mouches et sentant la décomposition.

C'est peut-être cette odeur, dont je m'avoue passionné, qui me reporta aux canaux de Venise, où, sous un soleil plus modéré, je sentis les mêmes fleurs et la même mort. Je me rappelai que cette déception, trouvée aujourd'hui dans les ruelles de Triana, je l'avais ressentie jadis à la Giudecca, quand m'y avait conduit l'énigmatique chanson de Musset :

> A Saint-Blaise, à la Zuecca,
> Dans les prés fleuris cueillir la verveine,
> A Saint-Blaise, à la Zuecca,
> Vivre et mourir là !

Mais tel était mon mécontentement de Triana, que j'eusse voulu sur l'instant me transporter dans cette Zuecca, triste îlot bâti où je vis bien pourtant qu'il n'est pas de verveines; mais quelles délices pour des mains salies de poussière de pendre de la gondole au fil de l'eau fraîche et bruissante!

..... Et maintenant, Séville, avec la distance, a fait son œuvre d'enchantement. Elle m'apparaît, après une année, ruisselante de splendeur. « O beaux raisins jaspés des vergers de Triana.... Je n'espère plus revoir ces temps heureux. » Mais surtout, ce que je comprends maintenant, c'est la repartie du Père de la Croix dans le drame de Cervantes :

« Mon ami, ce souvenir est un piège du démon. »

Venise et Séville, Sienne et Tolède et Cordoue! Faiseuses d'illusions qu'un jour j'ai possédées avec nonchalance et fatigue, et qui, par un prestige diabolique, dominez depuis tout mon rêve! voilà votre prodigieux sortilège! Comme un mot d'amour ou une insulte tombés dans une âme ardente, votre image, grandie par le temps, envahit bientôt l'être qui, deux secondes, l'accueillit.

Cette Séville, trop commerçante, trop moderne, trop rieuse, elle est devenue pour moi, après une année, l'endroit où prirent une valeur d'émotion des mots qui jusqu'alors ne m'étaient que des notions mornes. C'est à Séville que je sentis Marie Padilla, don Pedre, don Juan, Valdes Leal, le divin Morales, syllabes harmonieuses sans doute pour tous les hommes, mais qu'ils jugeront brèves, tandis qu'au voyageur elles versent d'intarissables fleuves de sensibilités confuses.

Le soir, Séville est jeune, cambrée et amoureuse; elle est douce et bruissante comme une salle de bal où l'orangeade est vraiment glacée et où l'on ne souffre pas de lumière dans les yeux. Mais à la Séville nocturne, je préfère encore Séville écrasée de soleil, car le soleil empêche de se souvenir et de prévoir, et il enferme dans la sensation momentanée.

Chapelles secrètes et fraîches que m'ouvraient, par ces après-midi où chacun dort, ces petits complaisants, bien faits, semble-t-il, pour porter des billets et même pour servir de femmes de chambre, vous m'offriez de si étranges meubles, bahuts, commodes, supportant des brassées de lys et les dernières fleurs du magnolia, que l'impression emportée de chez vous, c'est la familiarité d'un appartement intime ennobli par le fait qu'on y aurait ardemment aimé.

A San Jacinto, précisément faubourg de Triana, je sais un Christ étendu sur une couverte piquée, que soutiennent deux oreillers, avec sa couronne d'épines auprès de lui posée.

Ce n'est point dans les musées de Séville, de Madrid, qu'on peut se réjouir profondément. Ils sont suspects d'italianisme. Les vraies délices, c'est où se trouve le tour de reins espagnol, une manière brusque, vraiment terrible, de prise sur nos sens. Tragiques poupées espagnoles, en bois, vêtues de velours, baguées de rubis, combien vous êtes intéressantes, encore que vous ayez voulu, pour cacher vos chers visages contractés, une demi-nuit autour de vous! Goya, avec ses toreros et ses sorcières déhanchées, nous fait connaître ces ardeurs-là, faiblement, car, de la mort et de la sensualité des martyrs, il avait glissé aux drames du taureau et de la galanterie; pourtant il semble une suprême poussée de la sève tarissante de cette race. Mais le secret de l'Espagne, si jamais je l'entrevis, c'est aux profondes alcôves de ses églises sans gloire, tandis qu'en dépit des grilles et des ombres j'adorais ces poupées faisandées, corps déshabillés et saignants, genoux et coudes écorchés du Christ, jeune homme de trente ans sur qui des femmes passent un linge mouillé.

Voluptés de la tauromachie et de l'auto-da-fé, pour la masse! mais qu'elles passent en cérébralité, et nous avons l'ascétisme! Je les soupçonne, ces Espagnols, d'avoir trouvé du plaisir dans la vue des souffrances du Christ. Sur toute l'Espagne, j'entends ce cri dur qui, dans Cadix désert, montait, à travers l'air pur, du peuple pressé au cirque des taureaux et d'heure en heure acclamant le sang qui jaillissait. Sur les dalles si fraîches de l'alcazar de Séville, j'ai respiré le sang, le jeune et vigoureux sang des amants et des ambitieux qui s'y assassinèrent; et sur ces dalles encore, quelque chose de léger qui flotte m'en avertit, des tapis furent jetés pour qu'elles devinssent des chambres à coucher. Tant de fois lavées et si muettes, ces longues salles pourtant ne peuvent me cacher leur secret, toujours l'aveu pour quoi j'adore l'Espagne : la plus violente vie nerveuse qu'il ait été donné à l'homme de vivre.

Très beaux pays, aristocratie du monde! Ne me parlez Allemagne, ni Angleterre! Combien je la comprends, la ballade que chantaient au seizième siècle les senoritas de Séville et de Cordoue : « Mon frère Bartolo s'en va en Angleterre pour y faire la guerre. Il me ramènera un petit luthérien, la corde au cou, et une petite Anglaise qui sera ma femme de chambre. » A tous, elles nous mirent la corde au cou, ces reines du Midi. « Ah! mon ami, dit justement le saint homme de Cervantes, ces souvenirs sont un piège du démon ! »

Pauvre homme du Nord, enchanté un jour par cette beauté, je songe au page des chiens courants du seigneur de Laon. Sa vie, vous l'allez voir, c'est toute la nôtre, enfoncée dans la médiocrité des besognes et des contacts professionnels, illuminée par de courts éclairs. Dans un recueil des redevances et corvées bizarres de la vieille France, on lit, pour la seigneurie de Laon : « Fille folle de son corps sera à la disposition du page des chiens courants, une fois par année. »

Une fois par année ! Jour de joie pour ce pauvre jeune homme et analogue à la date qu'est dans nos vies le contact avec ces courtisanes que m'apparaissent les grandes cités romanesques du Midi, Séville et Venise, Sienne et Tolède et Cordoue. Cette entrevue annuelle de la fille et du page, quelle intensité ne devait-elle pas prendre peu à peu dans l'imagination de celui-ci ! Et je suis sûr qu'en douceur, en bons procédés, il en faisait bénéficier les pauvres bêtes à lui confiées par le devoir professionnel. De tels instants lui donnaient non seulement les jouissances de la civilisation, mais encore ses vertus. Après cela, pas plus qu'aucun de nous, gens du Nord, qui avons voyagé là-bas, il ne pouvait être une brute.

Mai 1895.

VI

A LA POINTE EXTRÊME

D'EUROPE

Pour rompre l'atonie, l'Espagne est une grande ressource. Je ne sais pas de pays où la vie ait autant de saveur. Elle réveille l'homme le mieux maté par l'administration moderne. Là, enfin, on entrevoit que la sensibilité humaine n'est pas limitée à ces deux ou trois sensations fortes (l'amour, le duel, la cour d'assises) qui, seules, subsistent dans notre civilisation parisienne. C'est une Afrique qui met dans l'âme une sorte de fureur aussi prompte qu'un piment dans la bouche.

Au cirque de Séville, et sous quel soleil! un

jour, j'entrai. « Eau fraîche ! » criaient d'une voix scandée de jeunes garçons. D'abord, quatre chevaux furent éventrés. Sur le silence de cette foule, j'entendais, sourde comme un éclaboussement, l'entrée des cornes dans ces ventres. Impression sinistre de convoquer la mort dans une fête ! Je ne sentais plus qu'elle par-dessus nous tous, et j'en étais contracté de terreur. Puis, le jeune dieu de la nature, le taureau, aux naseaux sanglants, ramassé, furieux comme un taureau, c'est-à-dire plus beau qu'aucun homme passionné, secoua sur ses cornes une pauvre loque, si molle et lamentable, de cavalier. Le matador maladroit, trop comédien dans ses broderies collantes, laissa quatre épées dans la bête, héros qu'il fallut poignarder par-dessus la barrière. Le peuple, enragé, trépignait, pareil à un témoin qui s'amuserait dans un duel.

« Si j'aimais cela, me disais-je en sortant, je serais amené à être le matador, à courir moi-même un risque. Mais être témoin et s'y plaire ! L'incompréhensible plaisir ! »

Dans son ivresse aussi, ce peuple me donnait des coups de canne sur la tête, car tous gesticulaient debout, tandis que je restais assis, et ces familiarités contribuèrent à me dégoûter.

Depuis, je revins sur cette appréciation. Peut-être je fus de mauvaise foi dans l'expérience. Il fallait me prêter à la force enivrante qui s'exhale d'un carnage. Des âmes subtiles se lèvent du sang versé, vapeur qui nous pénètre et réveille en nous la bête carnassière. Pour l'humanité, c'est un bain de jeunesse, de la plus jeune jeunesse, voisine encore de l'animalité.

La course de taureaux, c'est la banalité de l'Espagne, comme la gondole est de Venise, mais c'est son trait significatif, et voilà pourquoi j'en parle quand même. Le large cri que jette au ciel chaque petite ville assemblée dans son cirque, quand tombe le taureau, c'est le signe le plus véhément de la sensibilité espagnole.

Belle fureur et qui tient les nerfs en éveil, mais dont l'intensité est encore accrue par les contrastes où elle se manifeste.

Le *Romancero général* d'où l'Espagne entière jaillit comme d'un inépuisable volcan, nous montre que les rois, comtes, nobles, tous chevaliers, tenaient l'écurie de leurs chevaux sous la tente où ils dormaient avec leurs femmes, afin qu'ayant entendu le cri de guerre, ils pussent trouver bêtes et armes sous la main et chevaucher sur-le-champ. C'est sous cette tente que l'on aimerait vivre, les femmes étant plus belles une heure avant le risque, et le départ vers la bataille, dans l'air frais du matin, intervenant à ravir pour obvier à la satiété.

A tous mes pas, je la vis, l'Espagne, ainsi violente et contrastée....

Ce fut d'abord au réveil de la frontière, après Irun, dans un train qui stationnait; j'aperçus de mon compartiment tout un wagon de Don Quichottes et de Sanchos mêlés. Non pas un, mais vingt, et d'un relief égal aux types du chef-d'œuvre : ceux-ci avec un teint épanoui, optimistes, larrons joyeux; ceux-là de figure desséchée, graves et le regard fixe.

Parce qu'elle réunit toujours les contraires, l'Espagne semble aux esprits simplistes porter avec soi sa parodie. L'admirable Quevedo paraît à des étrangers caricatural, lui peut-être l'un des écrivains où l'on trouve le plus d'humanité! Il est aux lettres, ce que Goya est à la peinture, celui-ci peignant, comme on sait, avec un égal réalisme les corps et les imaginations. Le beau-père de Velasquez, Pacheco, dans son traité qui est « le résumé des opinions de l'Espagne en fait de peinture », dit que les corps dont cet art reproduit l'image sont de trois espèces : naturels, artificiels, ou *formés par la méditation de l'âme*. C'est avec ces derniers que vivait Don Quichotte, tout dévoué à sa Dulcinée, mais il a près de lui Sancho, d'un matérialisme puissant et grossier. Et de ces deux êtres, aucun n'est caricatural; si antithétiques qu'ils nous semblent, ils vivent côte à côte, en Espagne et peut-être dans chaque Espagnol.

Faisons un pas encore sur la ligne de Madrid. Voici, en vieille Castille, Avila, la ville des mystiques, silencieuse, parfumée par la cendre de sainte Thérèse et par les cierges se consumant en adoration perpétuelle dans plus de deux cents couvents qui abritent sous leurs dernières ruines de belles tombes de marbre et la règle du Carmel.

Si l'on accepte tout ce que la légende et des pierres effritées ajoutent d'impressionnant à la réalité, on peut trouver ici d'admirables éléments de romanesque. Mais l'émotion vraie qui se dégage de cette vallée est double. Pour aller à l'Incarnation, j'ai suivi, hors de la ville, le petit chemin dans les roches où Thérèse méditait quand elle vint dans cette église prendre le voile. Si exaltée qu'on l'imagine, la jeune fille était couverte de pleurs. Celle qu'on ne voit que ravie en extase auprès de Dieu, tenait à la terre par les liens les plus solides. Les couvents d'ascétisme furent, en réalité, des ruches de travail et de bonne administration. Thérèse et ses amis s'adonnaient à la prédication, à la conduite des âmes et à des soucis qui sont fort analogues à ceux d'un homme d'État et d'un grand industriel. Il fallait manier des êtres, les réglementer, leur bâtir des abris, assurer leur subsistance. Cette mystique, cette exaltée, fit voir des qualités d'organisation qu'on retrouve chez ces prodigieux travailleurs, les Colbert, les Necker, les commis de Napoléon. Pour Loyola, même clairvoyance et bon sens opiniâtre unis aux exaltations d'un visionnaire.

Et une heure plus loin, l'Escurial sera encore une antithèse. La seule sensation forte que puisse se donner celui qui dispose de tout, c'est de renoncer à tout. Telle fut la jouissance du roi qui s'enferma dans cette formidable tombe. En se cloîtrant dans ce désert de pierre, il se donna le seul ébranlement nerveux que pût encore connaître un homme blasé sur toutes les magnificences du triomphe. L'image suprême inventée par le poète qui posséda jusqu'au génie le don de l'antithèse, le corbillard des pauvres qui conduisit au Panthéon sous l'escorte de tout un peuple Victor Hugo, ne vaut pas ce que, d'instinct et sous l'impulsion de ses nerfs, réalisa Philippe II : le plus grand des rois murant sa vie dans un sépulcre.

Poursuivons notre voyage et nous verrons que du nord au midi, l'antithèse qui résume l'Espagne, c'est la lutte du Maure et du Castillan. Cet interminable et héroïque débat a façonné les arts, les mœurs et le caractère de la race. De province à province, en outre, vous trouvez les plus violentes oppositions, et dans chaque être même.

Je n'insiste pas sur les biographies particulières : Séville nous donnerait Don Juan, qui fit une volte saisissante, Cordoue nous rappellerait Sénèque, voluptueux qui écrivit des petits traités ascétiques et se plut, au milieu des richesses, à les mépriser. Ces êtres doubles, pour nous énigmatiques, sont les produits naturels de ce sol. Mais le témoignage le plus significatif de l'Espagne, de ce pays où la terrible tubéreuse, l'empoisonneuse, s'appelle l'*amiga de noche*! nous le trouvons dans ses églises.

Le prêtre y prêche une éthique ascétique, je ne sais quelle perfection qui ravit le fidèle et, de cette terre, le dépose aux pieds de la Vierge. Cependant, voyez sur les murs ces imaginations horribles, ces tableaux sanglants, ces plaies dont nos regards terrifiés ne peuvent plus se détacher. L'Espagnol qui commanda ces toiles, qui les rassembla dans cette église, se prétendait-il mettre en contradiction avec l'enseignement de l'autel? Non pas. Pacheco écrit avec autorité : « L'art du peintre doit se consacrer au service de l'Église, et, bien souvent, ce grand art a produit, pour la conversion des âmes, des effets plus grands que les paroles du prêtre. » Pour ce peuple, nulle contradiction entre ce mysticisme exalté et cette férocité. Ces fidèles éprouvent l'un et l'autre sentiment. Après s'être livré à la réglementation du prêtre, s'être haussé vers les modèles divins, l'homme soudain redevient homme; il a envie de voir du sang, de mordre, de déchirer!

C'est dans l'ombre des églises espagnoles que j'ai distingué le véritable sens de la physionomie humaine : peur et curiosité devant les mystères, mêlées au désir carnassier de détruire et de s'ébattre, et cela se vérifie dans les civilisations scientifiques comme dans les religieuses. Pour qualifier la manière des écrivains d'Espagne, nous disons « ironie, caricature »; pour ses ascètes. « hypocrisie et contradiction »; pour sa maison royale, « lycanthropie ». Et nous ne nous apercevons pas que ce sont simplement de vigoureuses natures qui ont su pousser en intensité tous les points sensibles de leur être.

Comme acculées à la pointe de notre continent, dans la péninsule, grouillent, fermentent et se mélangent des sensations qui, peu à peu, ont été chassées des autres pays.

A l'extrémité sud-ouest du royaume de Portugal, dans les déserts pierreux que termine le cap Saint-Vincent, sans qu'un sentier nous guidât, nous avions chevauché parmi les ronces, les arbousiers et les stevas. C'est la pointe extrême de l'Europe, en face du grand large d'Amérique. Sur la terrasse du sémaphore du cap Sagrès, nous songions, ayant drainé à travers l'Europe toutes les façons de sentir, et les voyant avec les yeux de l'imagination qui se jouaient autour de nous dans cette grandiose solitude.

Nul moyen d'augmenter ce troupeau, de le mener plus loin. Rien en face de nous que l'Océan illimité. Nous entendions des cris au large. C'était, dans le brouillard du soir, le signal des bateaux qui doublent le cap et partent là-bas. Mais *là-bas* n'a plus de terres inconnues, rien que des répétitions de notre Europe.

On a dit que celui-là seul connaîtrait la saveur vraie de la vie humaine qui aurait passé quelques semaines dans une île déserte. Cela nous est interdit. Il n'y a plus de solitude, de vie que nous puissions nous composer nous-mêmes. Toutes les biographies sont prévues, classées, étiquetées. Pour donner quelque saveur à des sentiments trop banalisés, nous n'avons plus qu'un expédient, c'est de les mêler : comme l'Espagne, nous composer une vie intense et contrastée.

L'âpre plaisir de vivre une vie double! La volupté si profonde d'associer des contraires! Comme la sirène doit être heureuse d'avoir la voix si douce! Mais rien qui use plus profondément : c'est la pire débauche. Quelques-uns sentirent leur âme en mourir à tous sentiments profonds.

Les tentes posées par des nomades, chaque soir, dans un pays nouveau, n'ont pas la solidité des antiques maisons héréditaires, mais quelle joie pour ces errants de se mêler aux races autochtones et de dire avec elles l'hymne du matin, tandis que, pour l'embellir, la mémoire secrètement y mêle les chants appris la veille chez des étrangers!

EN ITALIE

I

LES JARDINS DE LOMBARDIE

En Suisse, on m'a montré une vieille demoiselle fort honorable, qui, chaque année, fait choix dans le canton d'un petit garçon et, sur son revenu, le défraye de toutes les études jusqu'au jour où il sera prêtre. J'ai immédiatement pensé à Mlle Claude Bernard, qui recueille les caniches, mais leur interdit la reproduction. Et quand j'arrivai dans cette région des lacs d'Italie, la conduite de ces deux personnes me revint à l'esprit, me parut d'un exemple fécond.

Certains êtres, me disais-je, semblent plus particulièrement désignés pour qu'on prenne souci d'eux, et qu'on leur évite les duretés de la lutte, de la concurrence; ils y succomberaient. Leur délicatesse, leur faiblesse, leur donnent ce « droit à la paresse » dont parlait Lafargue. Mais en même temps, puisqu'ils ne savent pas assurer leur propre vie, il y aurait lieu de les décharger du soin d'assurer leur espèce, car la société qui prendrait soin d'eux ne serait pourtant pas assez riche pour adopter leurs enfants.

Ces nouveaux moines, ces derviches singuliers, ces rêveurs, incapables de l'effort qu'il faut dépenser dans les grandes villes, où pourraient-ils plus doucement végéter que dans les jardins épars sur la rive des lacs de Lugano, de Côme, de Garde, sur ce lac de Varèse aussi, où Taine désirait posséder une villa? Incomparables paradis pour des êtres décidés à n'avoir que des soucis viagers!

Jardins Giulia, Melzi, Sommariva, Serbelloni, syllabes chantantes, terrasses parfumées et lumineuses! Pourtant, c'est déjà l'automne; une petite pluie chaude tombe sur les arbres. Sur ces pentes où je me promène et qui enserrent le lac, l'allée est droite comme un balcon et offre partout des bancs ; sans efforts, sans pensée, au milieu des myrtes, des citronniers. des palmiers, on s'enivre à la « coupe de lumière » qu'est ce paysage, mais c'est de l'automne, plus encore que de la flore méridionale, qu'est fait selon mon goût le charme de ces bords.

De vieux arbres qui tendent leurs branches vers la lumière s'interposent entre le promeneur et le cirque. On ne voit plus le bleu du lac, les maisons de plaisance, les forêts de mûriers, d'oliviers, qu'à travers un mince rideau de feuilles agitées d'aucune brise dans ce grand silence. Ainsi demi-voilée de feuillage jaunissant, la nature est plus adorable qu'aucune composition de l'art ; et les femmes du *Printemps*, de ce fameux Botticelli, enguirlandées, elles aussi, ne sont que de pauvres petits insectes auprès de ce repos, de cette jeunesse, de cette véritable déesse qu'est la Nature aux jardins de Lombardie.

Pourquoi spécifier tels jardins de Lombardie ? C'est toute cette région qui nous est un jardin, au sens magique que reçoit ce mot quand il désigne les lieux mysterieux de la légende, depuis le jardin biblique des commencements du monde jusqu'aux jardins enchantés d'Armide.

Ce n'est pas l'âpreté de l'Espagne, ni la grandeur de l'Orient, là-bas, à l'entrée du désert. Non, c'est même un peu banal ; mais avec tant de gentillesse ! Sur la marche de Suisse et d'Italie, à Lugano, un pauvre boutiquier à qui j'achète pour quelque monnaie de n'importe quoi, veut à toute force verser sur mon mouchoir trois gouttes de « pur chypre ». Cette odeur, qui pour mon ordinaire m'incommoderait, venant de cet adroit courtisan, du premier Italien rencontré, parfume tout ce qui m'entoure, me crée une atmosphère un peu fade, mais plaisante.

Ce n'est pas à Londres, ni d'un Anglais, qu'on aura ces gentillesses. Eh bien ! le mauvais goût n'est point chose méprisable. Je connais un grand travailleur, un savant médecin, qui ne veut être servi que par des domestiques italiens. Dans les intervalles de ses consultations, pour se délasser des vilenies physiques que tant de patients lui détaillent, vite, il fait parler son valet de chambre. Peu importe le sens des mots, leur son seul l'a délassé, reposé. Je comprends mieux de tels intermèdes que je ne fais du général Boulanger baisant le portrait de sa maîtresse dans les suspensions des séances du Comité national. N'était-elle pas dans la chambre voisine! Hélas! ces jardins d'Italie, un jour on les a traversés; jamais on ne s'y fixe. On ne saurait y vivre; ce ne sont que des endroits de loisir. C'est le pays du silence, de l'effacement universel des choses et des êtres. Contentons-nous d'y passer parfois.

En Italie, les vins sont mauvais, les femmes pas jolies, la musique bien grêle, et pourtant tout cela on se le rappelle avec ivresse. En glissant sur ce facile lac de Côme, la musique que de pauvres orchestres envoient d'une rive à l'autre me devient délicieuse. D'un art étroit, peu abondant, elle témoigne cependant d'une telle bonne volonté de bonheur! Ici, le parfum de fleurs et la qualité de la lumière transfigurent les plus pauvres airs. Au reste, les fidèles de Bayreuth auraient grand tort de sourire si l'on goûte en Italie les airs italiens. Le Venusberg dont se dégage si difficilement le chevalier Tannhauser, les filles-fleurs, qu'est-ce que cela, sinon la mollesse italienne dont ce sensuel Wagner sentait bien la divine puissance?

Et aujourd'hui encore, au sommet d'un des coteaux qui, mêlés aux montagnes, entourent et dominent le lac de Côme, sous les arbres et contemplant la nappe d'eau d'un bleu plombé qui s'épand largement parmi les forêts, les moissons, les prés et les fleurs, j'ai rencontré le petit pâtre qui, au dernier acte du *Tannhauser*, joue sur son chalumeau un air pour ses moutons. Même attitude, même poésie.

Poésie! voilà un mot ridicule, mais qui, pour les bons esprits, garde encore sa valeur.

Peut-être n'y a-t-il pas de pays où l'on trouve plus de poésie éparse que dans cette Italie. Et je ne parle ni de sa littérature, ni de sa musique, ni du décor des villes, ni des musées. Tout cela, c'est de la poésie réalisée, fixée, et par là même, j'ose dire, amoindrie et limitée. Ce qu'on trouve dans les jardins d'Italie, c'est de la poésie à l'état flottant, essentielle, dégagée de tout remaniement humain. Émotion indéfinie, par là inférieure aux choses d'art, mais qui donne une impression d'autant plus profonde.

Les plus grands créateurs depuis des siècles sont venus emprunter de la vie à cet atmosphère de paradis. Mais ceux qui n'ont pas la force, l'énergie du génie, ne peuvent ici que jouir et paresser. La discipline des mœurs, la méthode dans le travail intellectuel, l'enrégimentement des volontés, autant de nécessités modernes acceptées universellement, mais qui seraient, dans les jardins de Côme et de Varèse, le monstrueux non-sens.

A mesure que j'y réfléchis, je m'en convaincs davantage : c'est ici le pays désigné pour les dilettantes un peu faibles, élégants, incapables de tout effort, et que tuent ou déclassent si vite nos grandes villes. Une société prévoyante, et qui ne se contenterait pas, comme la nôtre, d'assurer une villégiature aux assassins endurcis, assignerait cette partie haute de la Lombardie pour lieu de séjour à des esprits pour qui tout est souffrance en dehors du plaisir; elle leur interdirait simplement, comme nous le disions plus haut, de se reproduire : ces mesures, dans l'intérêt de la race humaine qui, tout de même, vaut mieux par ses qualités de gravité, de simplicité et de grandeur simple que par les gentillesses de ces faibles, mais aussi dans l'intérêt de cette belle nature qu'amoindrissent tant de bavardages et de piétinements de ses admirateurs.

LE ROMAN DU LAC DE COME

On écrirait huit ou quinze volumes, plus gros que le fameux feuilleton d'Eugène Sue, *les Mystères de Paris*, plus gros, mais aussi passionnant : *le Roman du lac de Côme*. Ce serait, dans leurs mystérieux détails, la suite de toutes les aventures qui, de France, d'Angleterre, de Russie, sont venues s'abriter dans ces jardins si chauds, parfumés et secrets. Et j'entends qu'on se limiterait dans ce siècle. On raconterait cette princesse de Galles éprise d'un postillon italien, du fameux Bergomi, qui vint chercher ici un cadre poétique pour l'homme en qui elle se déshonorait. De son procès retentissant, à Villa d'Este, dans le premier bassin du lac de Côme, on trouverait encore des échos. Avec le recul, ces vilaines choses prennent une façon de beauté, toujours suspecte mais attirante. Le vice comme la vertu gagnent beaucoup à être vus de loin. A Belaggio, le mar-

rateur s'attarderait autour de telle petite maison, analogue à celle qui, dans la *Faustin*, est placée sous le patronage de M. de Sade. Nulle femme jamais n'y entrait. Sur tout ce lac qui, dès avril, berce tant de molles barques, elles semblent s'être dédommagées. Côme et ses rives sont l'asile de tous les adultères où l'on agit avec indépendance et avec goût.

Rousseau avait songé à placer ici — ou plus exactement au lac Majeur, aux îles Borromées — les scènes de sa *Nouvelle Héloïse*. Il se ravisa, préféra le lac de Genève. Comme disent les manuels classiques, il ne convenait point que le bréviaire des grands cœurs de la révolution fût trempé dans ces eaux parfumées, mais plutôt dans le torrent glacé du Rhône.

Si facile, indulgent de climat, rejetant toujours le voyageur dans ces barques où l'on s'étend, où l'on rêve, le pays de Côme convient à tous ceux qui entendent bien ne pas résister à leur passion. Dans cet air léger, élégant presque jusqu'à la fadeur, ce ne fut depuis des siècles qu'une gracieuse haleine de jeunesse et de plaisir. Parfois, dans ces belles journées si lentes, si paresseuses, si bleues, on voudrait que le lac se soulevât un peu ; jamais je ne le vis plus bruyant que le froissement de la soie contre une femme.

Sont-ce ces fleurs, si nombreuses qu'à les voir on pense invinciblement aux chambres mortuaires de nos grandes villes? Est-ce une certaine association d'idées, assez banale, mais qui nous contraint, en face des images les plus voluptueuses, à envisager le désagrément de mourir un jour? En parcourant le lac de Côme, je cherchais les cimetières. Ils pourraient y être admirables. Ne conviendrait-il pas que ces pentes si âpres dans le haut, puis à mi-côte, vertes de feuillages, égayées de villas, de doux jardins aromatiques, finissent çà et là par des tombes que caresserait l'eau rejetée sur les bords par les barques de plaisir?

Le plaisir rapide, la volupté et la mort; voilà quelle serait l'émotion générale de ce *Roman du lac de Côme* que j'entrevois, — pourvu que l'auteur se fût renseigné abondamment et aussi qu'en écrivant parfois il eût trempé ses feuillets dans cette eau où tant de mains fiévreuses cherchèrent un peu de fraîcheur, tandis que glissait la barque....

Et, le dirai-je, voilà la note dominante, la couleur bien franche de ce pays : c'est un complaisant. Pour faire connaître une région, ce n'est point assez d'être géographe, géologue, agronome, statisticien, ni même d'avoir de la couleur. Il faut, en outre, nous dire la qualité des anecdotes humaines qui se vivent chaque jour sur ses rives. Ici, c'est le refuge des passions disqualifiées, jeunes filles enlevées, mondaines déclassées, et le reste). M. Taine — qui dans sa très belle *Venise* n'a pas une ligne pour nous dire que ses lagunes sont le point du globe où l'on va le plus mourir de mélancolie — n'a rien distingué non plus sous la toile légère des lits flottants qu'on croise sur le lac de Côme.

Dans le goût d'une autre brochure intitulée *Huit jours chez M. Renan*, j'ai écrit jadis un essai de critique pittoresque sous ce titre, suffisamment explicatif, *M. Taine en voyage.* Comme j'ai eu l'occasion de constater qu'on peut froisser ceux-là mêmes qu'on goûte le plus et parce qu'il m'eût été insupportable de contrarier M. Taine à qui nous devons tous de grands bénéfices intellectuels, j'ai renoncé à publier ce petit travail. Après cinq années de tiroir, il doit sentir le moisi, et ce n'est pas la mort de M. Taine qui donnerait de la convenance à un ton qui d'abord eût paru un peu dégagé. De ce mince cahier de plaisanteries un peu livresques et pas plus graves qu'il ne se les permit sur les *Philosophes classiques* (mais voilà! il ne leur devait aucune reconnaissance), je me rappelle que promenant en Italie M. Taine, je l'embarquais un matin sur le vapeur qui de Côme fait le tour du lac. Sitôt à bord, il développait ses nombreux livres, son unique carte, ses papiers, et terminait... sa description de Venise. C'est vers le soir seulement qu'il commençait l'étude des dossiers que l'archiviste de Côme lui avait obligeamment préparés et remis sur le port. Enfin, au soleil tombant, et comme le bateau rentrait dans Côme, M. Taine quittait la cabine, montait sur le pont et, se promenant de long en large, tête baissée, composait la première phrase de son chapitre : « Toute la journée, sans fatigue, sans pensée, j'ai nagé dans une coupe de lumières.... »

Sans doute, elle n'est pas tout à fait juste, cette chicane : M. Taine n'était pas uniquement de bibliothèque, il comprenait fortement la nature ; elle lui parlait, et les sentiments profonds qu'elle lui communiquait, il a eu, sur tant d'autres, la supériorité de leur donner parfois une expression philosophique infiniment juste et émouvante. « Devant les eaux, le ciel, les montagnes, on se sent devant des êtres achevés, toujours jeunes. L'accident n'a pas de prise sur eux, ils sont les mêmes qu'au premier jour; le même printemps leur versera tous les ans, à pleine main, la même sève ; nos défaillances cessent au contact de leur force, et notre inquiétude s'amollit dans leur paix. A travers eux, apparaît la puissance uniforme qui se déploie par la variété et les transformations des choses, la grande mère féconde et calme que rien ne trouble, parce que, hors d'elle, il n'y a rien. Alors, dans l'âme, une sensation se dégage, inconnue et profonde.... »

Qu'on relise tout cela. Il n'y a pas à dire, voilà des notes qui ont un sens; c'est très exact, et je m'en étonne sincèrement, parce que l'amour de la nature, très répandu, je crois, s'exprime, pour l'ordinaire, en réflexions tout à fait stupides. Mais que ces pensées, belles en soi et si justes, me semblent déplacées sur les lacs d'Italie! Du moins, comme elles expriment mal les sensations des habitués de cette région! Tout le monde traverse assurément, une fois dans sa vie, ce paysage légendaire; chacun, en conséquence, y apporte ses façons de penser habituelles, mais ne sont vraiment dans leur patrie ici, dans ce pays de silence où les oiseaux eux-mêmes ne parlent pas, que les passionnés décidés à céder à toutes leurs exténuantes langueurs.

LES COLOMBES BORROMÉES

De ma barque qui longe les rives du lac Majeur, je vois les huit conscrits de Pallanza qui marchent musique en tête. Ils dansent, et autour d'eux dansent tous les polissons et les petites filles du bourg. De *trattoria* en *trattoria*, ils vont ainsi sous une profusion de soleil joyeux, et cela se déroule élégamment, comme une minuscule frise antique au bas de ces admirables montagnes.... Un silence, puis la musiquette reprend, glissant jusqu'à ma barque sur le lac qui l'adoucit. En marche pour des *trattorias* encore! Tout Pallanza les suit. Pauvres petits hommes! Sous ce grand soleil c'est l'instant triomphal de leurs vies. Dans ce cortège de fête, nul animal qu'ils mènent aux dieux pour honorer la Cité; ces cœurs simples n'ont rien à offrir qu'eux-mêmes et c'est à eux aussi qu'ils offrent des libations.

Et quel incomparable paysage, autour de

ces chétifs qui vont à leur destin! Sur le lac Majeur, le ciel semble plus haut et l'horizon moins fermé qu'à Côme. Les montagnes y sont si belles, avec leurs courbes infiniment souples et fières et leur aisance de beautés naissantes, que je ne leur sens d'analogue que le jeune corps des femmes de Corrège ou les sentiments d'une pureté virile des jeunes gens de Platon. Chères montagnes, tantôt voilées dans les nuages, tantôt couchées au ras des flots, tantôt groupées comme des mauresques au cimetière, mais jamais sèches ni dures et, vers le soir, toutes vêtues par les ombres des plus souples velours. La vie ici est plus rare que sur ce brillant lac de Côme, et dans cet isolement le sentiment s'élargit, dépasse l'exquis pour atteindre au sublime.

Mais voici le vapeur qui s'approche, image du travail consciencieux, faisant un bruit de grosse bête toujours en effort. Avec lui, en une journée je ferai le tour du lac; je quitte ma barque trop lente pour mon impatience de la beauté.

Sur ce vapeur, je retrouve d'autres conscrits, qui vont sur la rive voisine, visiter des villages amis. Groupés à l'arrière sur des tonneaux, une plume à leurs humbles chapeaux, ils sont tous crêtés comme de jeunes coqs et fument de longs *virginias* (parfaits et si injustement méconnus par de bons connaisseurs, par Teodor de Wyzewa et par Anatole France). Leur musicien les a suivis et, sans trêve, dans cette coupe sublime de lumière et d'eau bleue, jette du Verdi frelaté et des chansons napolitaines; tout cela bien suspect, mais emporté dans l'élan de cet incomparable après-midi. Les yeux aussi de ces petits hommes sont d'une parfaite stupidité, si veules, et pourtant cette bande de pauvres gens collabore à l'harmonie de l'ensemble.

Au long de la rive, de simples terrasses gagnées à grands travaux sur le lac, six arbres plantés sur un petit cap et qui supportent de longs filets de pêcheurs, des bancs de granit disposés juste dans le sens du sublime, dénotent un art de la volupté, un luxe sans richesse, auprès de quoi les combinaisons d'un Rothschild, voire d'un Louis XIV, ne sont que de basses ostentations. Jamais au plaisir ne s'associe ici la notion d'argent. On s'abandonne au bonheur ambiant sans pensée, et il nous pénètre par tous les sens : parfums, couleurs, bruissement de la lumière et de l'eau, légèreté de l'atmosphère..... Soudain a retenti l'appel des matelots, l'arrêt d'*Isola Bella*.

Isola Bella, la perle du lac Majeur; le lieu légendaire de la douceur et de la beauté, où tout notre être est raréfié ! A ce nom sublime, la foule qui dans un même amour se presse pour débarquer sur cet étroit terrain divin, oublie toutes les imperfections; on va toucher à la pure volupté. Je veux me donner le chagrin de la refuser. Le bateau s'éloigne et seul je demeure sur ce pont. Les terrasses d'*Isola Bella* étagent leurs romanesques décors, leurs statues qui montent vers le ciel comme des cris de bonheur, leurs végétations empruntées au monde entier et neuves sur l'imagination comme des frôlements inconnus.

Mise en scène si fine, si pénétrante d'imprévu que les nerfs de qui la contemple en sont usés pour tout le jour. J'ai vu des yeux qu'elle remplissait de larmes. *L'embarquement pour Cythère*, disait Watteau, et c'était de mélancolie, d'espoir dans la vie, de sensualité excitée vers l'inconnu, un rêve analogue au *débarquement d'Isola Bella*.

Quelque autre jour, j'ai visité ce bonheur-là, et je sais ce qu'on voit dans l'île.

Il y a deux siècles, un comte Borromée eut la fantaisie de recouvrir ces rochers de terre végétale, transportée à grand'peine, en barque. C'est ainsi qu'il superposa douze étages de jardins dans cet étroit espace. Si vieux et maintenus avec un soin minutieux, ces bosquets suspendus par leur profusion de plantes de tous climats sont incomparables, et d'impression d'autant plus forte qu'à chaque terrasse on change de culture, sans que l'harmonie, comme c'est l'inconvénient des jardins botaniques, soit détruite par le mélange d'espèces disparates. Des groupes abondants de limoniers, d'orangers, de camélias, de camphriers, de magnolias et de cèdres du Liban nous composent successivement l'atmosphère de toutes les provinces du monde méridional.

Je pénétrai sous un petit bois de lauriers ; c'était, en plein jour, l'ombre la plus saisissante et qui augmentait encore la noblesse de ces branches sacrées, noirs rameaux aux feuilles lisses. A mon pas, une vingtaine de colombes se levèrent de terre, mais d'un vol si lourd qu'on eût pu les prendre dans la main. J'en fus beaucoup touché, parce qu'elles me parurent demi-ivres des parfums accumulés sur des terrasses si étroites par tant d'arbres de tous les climats. Cette atmosphère unique dans l'univers les devait étouffer. Nul ne se promène sans malaise parmi tant d'essences, accumulées par la violence d'un art pompeux sur la nature : c'est le royaume de la fièvre.

M. de Banville a écrit un livre lyrique sous ce titre d'une tristesse sans bornes : *les Exilés*. Ovide, dit-il, boit le lait des juments sous la tente de cuir du Sarmate, et sur son pâle visage doré par le soleil de Florence Dante reçoit la pluie noire du vieux Paris. Sont-ils les vrais exilés et les plus misérables? Non, car un jour vient où les oppresseurs sont balayés par le souffle de l'histoire. Faut-il plaindre davantage ceux qui vivent exilés dans la pauvreté, dans le vice, dans la douleur, ceux que la mort a séparés des amis de leur cœur? Ils peuvent se consoler avec d'autres affligés. Mais les vrais exilés et dénués d'espérance, ce sont les passants épris du beau et du juste qui, au milieu d'hommes gouvernés par les vils appétits, se sentent brûlés par la flamme divine.... Ainsi juge le poète, mais à ses distinctions je ne m'associe point. Mon sentiment profond se réserve pour ces beaux arbres de l'*Isola Bella*, pour ces *exilés* qui, en place des oiseaux de paradis promis à leurs branchages, ne supportent que de dépérissantes colombes dont leur beauté transplantée fait la mort. Le véritable exilé, c'est celui de qui la beauté trop belle tue.

Septembre 1893.

UNE VISITE

A LÉONARD DE VINCI[1]

Milan nous touche entre toutes les villes, parce qu'elle fut le lieu d'élection de Léonard de Vinci, et que Stendhal l'adora, jusqu'à vouloir pour toute épitaphe : « Citoyen milanais ». Mais de Stendhal, il faudrait parler depuis ce triste port de Civita Vecchia, où pendant trente années il s'ennuya, vieux beau apoplectique qui n'avait d'autre distraction qu'une causerie, le soir, entre huit et neuf, dans la boutique

---

1. Ces pages ont déjà paru dans une brochure, *Trois stations de psychothérapie*, qui ne sera pas réimprimée. Au reste c'est en marge du chapitre de : *Un homme libre*, « L'enseignement du Vinci », qu'il faudrait les lire.

de l'unique libraire. Je veux rapporter une visite que je viens de faire à Léonard de Vinci.

Non pas que l'œuvre de Léonard, qui ne fut jamais considérable, soit à Milan abondante. Des manuscrits, des esquisses, cette admirable fresque de la *Cène* — dont la beauté semble plaire à Dieu même, puisqu'elle n'est pas abolie, en dépit des militaires qui l'écaillèrent et des peintres qui la retouchèrent : voilà tout ce que l'on peut étudier de ce grand artiste à Milan, si l'on y ajoute, témoignages précieux, la plupart des œuvres exécutées sous son influence par ses élèves. Mais cette gloire de Vinci, qui nous offre un des plus troublants sujets sur quoi puissent rêver les ambitieux et les esthéticiens, quelques traits de crayon lui suffisent pour l'affirmer.

Nous entrevoyons à peine ce qu'il fit et ce qu'il voulut; il faut pourtant que nous le saluions comme un des princes de l'art. Ce peintre exceptionnel est compris par la pensée mieux encore que par les yeux. Et c'est à

Milan, où il a tant médité, qu'on est le mieux placé pour rêver de lui.

Dans les indications de ses *Livres de dessins*, et sous les repeints de la *Cène*, nous devinons la beauté qu'il cherchait, aujourd'hui envahie d'ombre; comme sous le génie inférieur de ses disciples nous retrouvons la direction d'art qu'il enseigna.

Intelligence unique par sa puissance et par la largeur de sa curiosité, Vinci apparaît à la fois un grand méditatif et un grand séducteur. Ses études universelles et profondes ne l'accaparaient pas, il fut encore un magnifique cavalier; d'une psychologie désabusée et fine, il évoluait avec aisance dans la vie décorative de son siècle pittoresque. Que des dons aussi opposés se soient trouvés dans un même homme, et poussés à une telle perfection, voilà qui déconcerte les catégories où nous sommes habitués à ranger les tempéraments! Et cette dualité éclaire le sourire de toutes les figures qu'il a laissées, ce sourire que le temps emplit chaque jour d'une nuit plus profonde, mais qui parut, dès son éclosion, inexplicable! Il y peignait sa propre complexité, son âme habile tout à la fois à la science et à la séduction.

Je ne saurais pas trouver d'épithètes pour vous exprimer ce conflit qui fait le génie mystérieux du Vinci et que tant d'artistes, tant de penseurs et tant d'amants ont interrogé, à l'*Ambrosienne* et au *Bréra*, sur les petites lignes du visage de ses femmes. J'aime mieux transcrire ce que me disait, avec une intensité incroyable, une de ces âmes (jeune fille, jeune homme?) aux cheveux déroulés, âme sensuelle pourtant, avec des lèvres, de grands yeux et toute une joie divine qui montait de son visage, — ce que me répétait une autre esquisse, femme adorable, baissant les paupières avec une gravité presque ironique — ce que toutes me firent entendre :

« *Parce que nous connaissons les lois de la vie et la marche des passions, aucune de vos agitations ne nous étonne, rien de vos insultes ne nous blesse, rien de vos serments d'éternité ne nous trouble.... Et cette clairvoyance ne nous apporte aucune tristesse, car c'est un plaisir parfait que d'être perpétuellement curieux avec méthode.... Mais nous sourions de voir la peine que tu prends pour deviner ce qui m'intéresse.* »

Voilà ce que dit, je l'ai bien entendu, le sourire de Léonard. C'est ce que Gœthe répétera plus tard. C'est, avec des différences sans nombre de siècle et de race, l'impression que nous laissent les deux *Faust*.

Rien qui soit plus purement intellectuel. Comment Taine a-t-il pu parler, à propos de Léonard, de pensées *épicuriennes, licencieuses*? « Quelquefois, dit-il, chez le Vinci, on trouve un bel adolescent ambigu, au corps de femme, svelte et tordu avec une coquetterie voluptueuse, pareil aux androgynes de l'époque impériale.... Confondant et multipliant, par un singulier mélange, la beauté des deux sexes, il se perd dans les rêveries et dans les recherches des âges de décadence et d'immoralité.... » Ici assurément, Taine, comme il lui arrive souvent dans ses études d'art, a détourné ses yeux de l'œuvre de Léonard pour suivre le développement de sa propre pensée. Emporté par cette imagination philosophique et par cette logique qui font sa puissance, ce grand historien des passions intellectuelles a poussé jusqu'aux dernières conséquences possibles la curiosité de Léonard. Il a jugé la méthode, non l'œuvre. Oui, « cette recherche des sensations exquises et profondes », qu'enseigne le Vinci, mènera la plupart des hommes à des rêveries ambiguës. Voyez, dans les musées de Milan, ces figures de Marco d'Oggione, de Cesare da Sesto; elles maintiennent avec peine leur sourire; je sens une polissonnerie, à fleur des lèvres, sous ces jolis visages. Et ce portrait de jeune fille, de petite fille (par un élève de Vinci)! Cette enfant est trop fine, trop pure, elle en devient provocante! Mais c'est qu'elle n'est pas de la grande race des femmes du Maître; sous son front étroit, délicieusement éclairé de perles, elle n'a que des pensées médiocres. Je le sais, qu'une telle âme, mal défendue par son faible cerveau contre les exigences du désir, dut connaître d'étranges troubles, quand Léonard lui enseignait, avec tant d'élégance, la curiosité du nouveau et le dédain de la vie commune. Le pur Luini lui-même, dans le vestibule du *Bréra*, nous montre une jeune fille aux paupières rougies, d'une lassitude et d'une ardeur où la femme devient effrayante. Mais, M. Taine ne le voit-il pas, chez Léonard comme chez Gœthe, ces dangereuses aspirations demeurent intellectuelles.

Ses exigences et ses indépendances se satisfont dans le domaine de la pensée, sans se tourner vers des réalisations voluptueuses. Chez Léonard, l'intelligence aurait pu se révolter; jamais les nerfs. Les contemporains de ce profond penseur le savaient bien. Lomazzo l'appelle un Hermès, un Prométhée : il leur apparaît l'homme qui sait le secret des choses. Il savait les lois de la vie.

Cela éclate dans son chef-d'œuvre. Comme elle aura été étudiée cette figure de Jésus qui est le centre de la *Cène!* C'est qu'elle est aussi, pour quelques-uns, le centre de la conscience humaine. Je veux dire que cette figure que nous voyons là toute tournée sur soi-même, toute préoccupée de la vie intérieure, est le type parfait de l'analyste du Moi : c'est l'esprit vivant uniquement dans son monde intérieur, indifférent à la vie qui s'agite autour de lui.

Qu'un homme du quinzième siècle, dans une de ces cours sensuelles et débordantes d'Italie, ait pu créer une telle beauté psychique, voilà qui est prodigieux! Il n'y arriva pas du premier trait.

Il faut voir au *Bréra* l'étude au crayon rouge qu'il fit pour cette tête de Jésus. Là, pas de dédoublement de la personnalité. Bonté triste, pardon, soumission, résignation, sans fierté intérieure, ce me semble. Ce Jésus de l'esquisse est presque un frère de l'apôtre Jean qu'on voit dans la *Cène*, et qui n'est, lui, qu'une vierge, rien qu'un simple. Mais, dans la fresque définitive, Jésus est fortifié : ce haut intellectuel est entouré de sots, de braves gens et de canailles, dont les attitudes violentes synthétisent admirablement les sentiments du commun des hommes, et il leur dit : « *La trahison me viendra de vous, de vous, ô mes amis! Mais cela ne m'offre rien d'étonnant, car je comprends les tentations auxquelles succombera le coupable, et par là même je l'excuse. D'ailleurs, pour que j'aie l'occasion d'être héroïque, ceci était nécessaire; la grandeur morale étant faite des bas traitements qu'elle surmonte.* »

Cependant les mains du héros semblent avouer une certaine lassitude. Un étroit paysage bleuâtre et voluptueux, entrevu dans une fenêtre, derrière la tête de cette haute victime (victime de soi-même, martyr par sa propre volonté), vient nous rappeler que la vie pourtant peut être libre, sensuelle et facile. Ces hommes avec leur passion, ce sage avec sa grandeur surhumaine et dont l'équilibre inquiète, nous attristent également. Qui donc saura nous faire connaître l'existence comme un rêve léger!

C'est un coloriste lumineux que Léonard, et les créatures qu'il peint sont les plus ravissantes qu'on puisse imaginer. Pourquoi donc, le quittant, suis-je saisi de tristesse? Rien ne nous comprime plus que de suivre le travail secret d'un analyste; on voit que sa vie est un malaise, un frémissement perpétuel. Les grands peintres de Venise furent heureux, qui peignaient d'abondance, sans disputer avec eux-mêmes. Mais quelle angoisse, celle de l'artiste divisé en deux hommes, dont l'un crée, tandis que l'autre pour la juger se penche sur l'œuvre en train de naître!

J'ai souvent pensé à l'émotion dont palpitait la Béatrice quand, au Purgatoire, elle apparut à Dante. On sait si cet illustre poète avait cherché sa maîtresse! enfin, il la retrouvait; il était éperdu de respect, de crainte aussi, car de faible femme n'était-elle pas devenue une bienheureuse et la compagne des personnes divines! Elle, cependant, dans la gloire qui l'enveloppait, avait, je le jure, sa fraîche poitrine gonflée d'une angoisse plus insupportable encore, car elle pensait : « *S'il allait me trouver moins belle!* »

Cette imagination m'aide assez à comprendre la vie ardente d'un de ces analystes chez qui l'âme, comme nous avons dit, est double. C'est perpétuellement en eux le drame du Dante rencontrant la Béatrice. Leur sourire est lassé et un peu dédaigneux, comme le sourire du Vinci : lassé par ces violentes émotions intérieures ; dédaigneux avec indulgence, parce que la vie extérieure leur paraît une petite chose auprès des profondeurs de leur être que sans trêve ils considèrent.

Mai 1888.

II

L'AUTOMNE A PARME

A Luigi Gualdo Milanais.

Il faut adorer Fabrice del Dongo (de la *Chartreuse de Parme*), qui nous offre un rare mélange d'enthousiasme et de finesse. A seize ans, il était ivre du désir d'agir et de se prouver son énergie au côté du grand Napoléon; aujourd'hui, la seule activité, les seuls risques qu'il pourrait trouver, c'est la vie parlementaire. En même temps qu'il savait s'amuser de l'intrigue, il avait le goût des sensations de l'âme. C'est par cette dualité et dans cette volupté naturelle à la Lombardie qu'il est un des héros les plus séduisants de ce siècle.

Je suis allé à Grianta, à Cadenabbia, où Fabrice passa son enfance sur le lac de Côme ; j'ai cherché vers Vico, entre Como et Ternobbio, le rocher qui s'avance dans le lac et sur lequel, assis par une nuit admirable, il éprouva une si délicieuse exaltation de générosité et de vertu à propos de la Sanseverina. Sur le lac Majeur, je l'ai suivi à la trace et je me mêlai à toutes les impressions qu'il y promena. Hier enfin, je repassais dans Parme même les principales parties de la vie de Fabrice, toute gorgée de romanesque, secouée de crises imprévues, où rien n'est bas ni veule, et que poursuit mon imagination, avide de se distraire avec des vies de son goût des faux pas ou retards que je ne sus point m'éviter.

Dans ce Parme que négligèrent, je ne sais pourquoi, et Taine et Bourget, il me fallait bien tout d'abord visiter le Corrège. Là seulement on peut connaître ce peintre sublime qui créa une expression à tous les moments de l'âme féminine, gradués de la plus fine contraction nerveuse jusqu'à la volupté défaillante.

L'humidité, le temps, ont rempli d'ombre ses fresques, ses coupoles d'églises, et obscurci d'un mystère sans grâce la grâce mystérieuse de ses figures ; mais au Musée, deux, trois tableaux, — *le Jour* surtout, où un bambin manie les cheveux d'une incomparable Madeleine, si souple, si voluptueuse avec ses seize ans à peine, — m'ont restitué la grâce touchante, la lumière et la mobilité expressive du lac de Côme. Instruit par de telles beautés, on arrive à goûter le Parmegianino lui-même, à reformer les idées préconçues qui si injustement exaltent ces maigres, secs Florentins, primitifs étriqués et durs. (Voir au Brera, à Milan, de tel Procaccini dédaigné, une sainte extasiée avec une blessure d'où ruisselle un sang affreux sur ses seins charmants, sous une molle batiste. Par-dessus cette belle épaule nue, une tête d'homme, de femme, regarde tout ce sang avec une étrange complaisance et, sans plus se montrer, de la main lui tend une passionnante couronne de roses violettes et jaunes. Combinaison psychique et de couleurs qui passe singulièrement les dures et niaises, avouons-le, tentatives d'un tas de Giotto pour Anglaises.)

Je sais bien pourquoi c'est dans Parme que Stendhal a situé son roman. Souvent il était venu ici admirer la volupté du Corrège, qu'il devait sentir avec une extrême vivacité, lui qui savait jouir de l'opéra italien ; et dans son esprit, le nom de Parme restait lié à cette recherche du bonheur dans les sentiments tendres qu'exprime uniquement ce grand peintre et à laquelle lui-même se préparait à dédier cet hymne immoral et passionné : *la Chartreuse*.

Mais si fort que je goûte le Corrège, pouvais-je, dans ce premier instant de mon séjour à Parme, me donner tout à lui ?

Pouvais-je m'attarder à la série des portraits de Farnèse, de qui les mauvaises figures en tout autre lieu m'eussent passionné, car il n'est rien dont je sois plus curieux que de suivre un même air, une même âme de famille sur trente-six personnages dont on peut par ailleurs connaître la biographie ?

Et surtout pouvais-je me souiller à m'occuper de l'indigne Marie-Louise, jadis impératrice des Français et qui régna ici dans les bras de ce borgne de Neipperg?

Je n'avais hâte que d'errer au hasard de cette ville et d'y laisser naître mes idées.

Pour celui qui possède le secret de faire parler les objets, Paris, marqué du sceau impérial de Balzac, donne d'admirables leçons de volonté; mais Parme, tout imprégnée de Stendhal, est l'endroit du monde où s'abandonner au culte des sensations de l'âme. Je cherchai d'abord telles rues, telles maisons où se passèrent tels actes décisifs, où furent échangés tels propos infiniment spirituels; mais on m'a changé tout Parme, et je crois bien que le comte Mosca, qui l'administra avec tant de génie, s'y trouverait désorienté. Du moins, le type humain est demeuré celui-là même que Corrège a fixé et que présentait, d'après la description de Stendhal, Clelia Fabio Conti. Je notai, chez les grandes filles, des yeux amusants qui révèlent un peu de l'âme d'une souris, et, sur le *Pont Vert*, des petites filles qui tournoyaient me montrèrent, sous leurs robes aux teintes fondues par le soleil, ces mêmes nus que le Corrège, à profusion, immortalisa.

Puisque dans le détail, Parme m'échappait un peu, je projetai, pour en saisir l'ensemble, de suivre la promenade qui l'enserre.

Vers 1830, les remparts n'étaient pas plantés de ces arbres qui, sous cet automne, en font un sentier enivrant de mélancolie, mais ces mêmes sentiments qu'imposent au promeneur solitaire ces charmilles lépreuses, le ton roux de ces feuilles pourrissant sur les pentes et ces petits bancs si tristes d'être inoccupés, la duchesse de Sanseverina les avait reçus des circonstances. En outre c'est sur cette terrasse, je le jure, que Fabrice, éperdu d'amour pour la Crescenzi, que depuis un an il n'avait pu voir, cherchait à se figurer ce que pourrait être cette tête charmante avec des couleurs à demi effacées par les combats de l'âme.

Belle petite ville de Parme, presque de sentimentalité allemande, sous son gris bleu vêtement d'octobre! Dans cet instant, je faillis pardonner à Marie-Louise, douce âme de cuisinière allemande, qui n'avait de vie qu'à mi-corps, n'ayant pas su marcher pour rejoindre son immortel époux, ni délirer pour être digne de lui.

C'est aux morts que j'ai donné ma journée; finissons-la au Campo Santo. Comme il est noble, ce clos silencieux, ceinturé d'un élégant portique! Plus haute que toutes et seule fastueuse, la tombe de ce farceur de Paganini met une note de cabotinage dans le silence de tous ces anonymes. Lui seul a du marbre, quand les autres ne sont vêtus que d'herbes : manteau unique jeté sur tous ces frères qui sommeillent au bout de l'étape. Sans doute, au printemps, c'est un manteau piqué de doubles violettes de Parme, mais sous la petite pluie, je perçois, nos âmes perçoivent la triste et fade odeur des cimetières. Qu'il fait bon vivre avec les morts! Mais ces morts-ci sont plus morts que Fabrice del Dongo, le comte Mosca, la Sanseverina et la Crescenzi, qui n'ont jamais existé!

La beauté finissante des Corrège, cette petite senteur des cadavres, le nom évoqué des violettes, ces quatre sauvages de Stendhal qui bondissent dans mon imagination, c'est assez pour qu'ici je puisse faire les liaisons d'idées les plus émouvantes. Mais sept heures sonnent à la *Steccata*, à l'église où sonna le minuit du rendez-vous enfin donné par la Crescenzi à Fabrice : « Entre ici, ami de mon cœur, » lui dit-elle d'un ton très bas. Partons, le soir tombe sur la ville.

Octobre 1893.

DANS LE SÉPULCRE

DE RAVENNE

Est-ce un bas village de Bretagne? sous la pluie, une plaine désolée de Camargue? Pour accroître ce silence, compliquer de la notion de ruine cette vision de pauvreté et enfiévrer ces moisissures, ce pays nous donne son nom, Ravenne, tout chargé de siècles, lourd vaisseau échoué sur cette rive de l'Adriatique avec son bagage de Byzance.

On passe huit jours à visiter ici les morts les plus morts de l'Italie : des mosaïques, des mausolées et des basiliques qui n'ont plus de culte, de cadavres ni de beauté.

Ci-gît le meilleur document sur la période

confuse qui relie l'antiquité au moyen âge. Déjà les catacombes de Rome enveloppaient de cette atmosphère notre imagination, mais dans Ravenne plus sûrement à cette civilisation qui se débilite tout l'être est intéressé par les miasmes qu'elle exhale.

Devant ces mosaïques chrétiennes des premiers siècles, l'intelligence désorientée tâtonne et dans un lieu moins dénué se détournerait, mais cette Ravenne, solitaire et impérieuse, a plié tout ce qu'elle renferme d'après les attitudes cérémonieuses et souffreteuses où ses peintres mosaïstes exprimaient leur vision monotone de l'humanité. La population y est basse, âpre à l'argent, dénuée de ressources. Peu à peu dans cette retraite, et mieux que dans l'étourdissement de Rome, on sympathise avec l'idéal ascétique, maussade et tout d'abstraction que poursuit l'art chrétien des six premiers siècles.

Avec les mosaïques, les mausolées. La Rotonda, par exemple, tombeau du roi Théodoric. Parce que celui-ci était hérétique, ses ossements, dans la suite, furent arrachés à leur majestueux sépulcre et jetés au vent. On voit ici combien notre honneur ou notre déshonneur sont soumis aux circonstances et, d'ailleurs, très vite deviennent indifférents. Théodoric ne présente plus de sens pour nous. Son tombeau a un petit jardin fermé par une grille avec une gentille avenue tapissée d'herbe. C'est Théodoric l'Arien, mais c'est aussi un retraité de banlieue. Il est du sixième siècle, mais il est aussi de Neuilly. Son gardien, quand je sonnai à la porte, greffait des roses.

De-ci, de-là, au hasard de la promenade dans Ravenne, on voit des plaques commémoratives : « Ici, un tel fut traîtreusement assassiné par tel autre. » Et, d'ailleurs, on se sent incapable de blâme ou de pitié, voire de curiosité. Nul endroit plus désigné pour s'abandonner à l'âcre plaisir de se désintéresser de tout et de se sentir sans attache réelle avec aucune des passions auxquelles nous nous consacrons. A Ravenne, l'air même semble sourd et dédaigneux de porter le bruit.

Toute notre agitation ordinaire, ce sont les gestes d'un noyé qui se maintient au-dessus de l'eau, pendant quelques instants, en la frappant de toutes parts; mais ce pays-ci, trop lourd de reliques et de drames, s'enfonce. La crypte de Saint-Apollinaire hors les murs est remplie d'une eau verdâtre, décomposée, qui atteint la marche suprême, pourrit lentement le parvis de l'église et ronge déjà les dix sépulcres qui, depuis douze siècles, perpétuent là des mémoires indifférentes.

A Ravenne, les choses, lasses de se maintenir, veulent aller où sont les êtres : sous terre; descendre dans le sépulcre et se faire enfin pourriture. Comme tous les sentiments puissants, ce désir des choses nous pénètre si fortement que nous verrions un sacrilège à intervenir contre cette ascension de la mort.

C'est bien ici que Byron fit des efforts pour aimer la Guiccioli, au lit de laquelle enfin il préféra le tombeau, joignant encore à l'inquiétude qui l'empêchait d'aimer, l'inquiétude de vouloir une mort retentissante.

Cette fade odeur de moisi vient-elle des pauvres objets de ma chambre d'hôtel, ou des impressions amassées en moi par huit jours de curiosités au milieu de ces ruines croupissantes?...

Entre les maisons basses et sur les pavés pointus, nous avons gagné la campagne.

Au sortir de Ravenne, la plaine est immense et grave. C'est l'espace où jadis s'étendait la mer. La route fuit en droite ligne sur une maigre chaussée entre les marais, et l'on entend le roulement lointain de l'Adriatique. Nulle beauté, nul plaisir, mais un sentiment violent et indéfini qui intéresse toute l'âme en la faisant sérieuse.

Là-bas, des moutons noirs quêtent l'herbe sur le talus des canaux. En deux heures, nous ne croisons qu'un pauvre âne qui traîne deux paysans épuisés de fièvre. Un oiseau de mer, qui plane sur ces marais, en fait la seule animation. Et tout à l'heure, à la Pineta, je chercherai vainement les vipères que par les jours d'orage le voyageur entend siffler sous sa voiture. Enfin accourt le vent salé de la mer. Lentement, sur l'horizon, les pins en ombrelle apparaissent.

Après deux heures de route on atteint ce qui fut la Pineta, où le Dante chassait avec les Polenta, où Byron chevauchait avec la Guiccioli. L'un et l'autre cherchaient là des images où fixer leurs tragiques humeurs. Mais des incendies, il y a quatre ans, ont détruit sur de longs espaces les pins légendaires. Ceux qui survivent sur cette bande de terre désolée par la mer et les marais impressionnent d'autant plus. Ils ont donné à la brise, au temps et à la fatalité, tout ce que ceux-ci peuvent emporter.

Leur caractère indestructible, les eaux stagnantes qui les entourent et le gémissement de l'Adriatique, ramassent autour du promeneur la notion d'éternité et le sentiment des choses qui, du moins, si tout est périssable, se débilitent le plus lentement.

D'ici, la vie n'est plus qu'un bruit lointain de chiens qui jappent. On doit l'entendre ainsi par les fenêtres closes de sa chambre d'agonisant.

Nulle enquête n'est forte comme une méditation dans le désert de Ravenne pour donner la clairvoyance de la qualité d'énergie à fournir par qui veut garder prise, durant quelques siècles, sur l'imagination des hommes. Les nuances, les gentillesses, les plus adorables finesses, rien ne vaut que d'être violent et seul de son espèce.

Ravenne possède quatre dés heureux, retournés par ceux qui jouent au jeu de hasard de l'immortalité. On y voit la colonne funéraire d'un grand capitaine, Gaston de Foix, le portrait d'une grande courtisane, l'impératrice Théodora. Dés heureux, mais déjà engagés dans la vase, et qui n'ont plus guère de sens, parce que d'autres beautés et d'autres soldats ont amené les mêmes points et montré cette chance exceptionnelle de se prostituer sur un trône ou de mourir sur le champ de bataille. Le tombeau de Dante, au détour d'une rue où l'herbe pousse entre les pavés, garde, lui, dans cet isolement, toute sa force d'émotion, parce que le poète ayant exprimé en beauté le catholicisme du moyen âge assume le bénéfice de façons de sentir dont il est pour nous l'unique représentant.

Elle maintiendra aussi son prestige, dans ce désert fiévreux qui occupe les vastes espaces entre la mer, Ravenne et la Pineta, la *cabane* où se cacha Garibaldi en août 1849, tandis que les patrouilles autrichiennes lui donnaient la chasse pour le fusiller. Les mots inscrits à son fronton donnent aux cœurs ambitieux un mouvement sublime : « Cette cabane sacrée…, les Italiens l'honorent comme celle de Bethléem. » L'Italie, dans son ardent désir de refaire son unité, a su mettre d'admirables *memoranda* sur toutes les pierres où reposèrent ceux par qui elle put s'affirmer. Ce Garibaldi au manteau flottant, de mémoire un peu suspecte en France, grandira en Italie jusqu'à devenir légende sublime, parce qu'il a réuni (et pour le bien de son pays) tous les traits d'une espèce d'aventurier depuis des siècles très fréquents ici, mais qu'il rejette dans l'obscurité.

... De la Pineta, en nous dirigeant vers la *cabane sacrée*, nous avons atteint la mer. Voici le soir. L'Adriatique roule en mugissant ses lourdes volutes de vert et de jaune splendides et son écume. Les phares s'allument. Le voiturier s'inquiète : son triste cheval nourri de seules herbes a les reins couverts d'une affreuse écume. Il faut rentrer dans Ravenne. Le soir met sur les terres, sur les étangs, son immense teinte de violet lamé d'argent. Derrière nous court le gémissement de la mer. Des pensées surgissent de toutes parts, énergiques et dévorantes comme si elles avaient été laissées dans ce désert par tant d'hommes passionnés qui le traversèrent ivres de désirs, de haines et de violences. Elles sont mêlées de fièvre pour avoir si longtemps dormi sur les marais. Elles se joignent à nos soucis ordinaires, les enfièvrent jusqu'à ce qu'ils passent toute mesure et de songes deviennent du délire.

Ce froid me glace. Il pénètre trop avant et l'on ne sait pas s'en défendre; aussi bien il se fait aimer. Est-ce vraiment le vent de la mer? C'est un souffle du sépulcre. Il emporte bien loin ces petites illusions que la société remet à chacun pour qu'il ait le courage de suivre sa destinée.

A la porte de cette ville, j'ai vu des malheureux enfoncés jusqu'à mi-cuisse dans la boue qu'ils battaient pour en faire des briques. Les mausolées et les basiliques de Ravenne, construits de cette sorte, ont duré; ils n'ont pas fini de pourrir, quand déjà deux ou trois civilisations plus récentes ont disparu. N'importe, cette boue qui défie la mort, me glace; sortons du sépulcre, revêtons nos préjugés. Si temporaires, du moins, ils nous tiennent chaud. Recommençons à ne plus penser..

Avril 1894.

UNE JOURNÉE A PISE

Cette douce Pise n'a pas beaucoup de choses à montrer, mais elle les a exquises et les présente avec une complaisance charmante, sur sa petite prairie où trop de voyageurs, qui la foulent de leurs pieds poudreux, n'arrivent point — et je m'en étonne à chaque voyage — à empêcher que fleurissent la gentillesse toscane et ce magique trèfle à quatre feuilles (le dôme, le baptistère, le campanile et le campo santo) divinement doré, ce matin, par les premiers soleils de l'année.

D'ailleurs, et à l'encontre de l'opinion commune, ce ne sont point les gens vulgaires qui nuisent aux chefs-d'œuvre qu'ils visitent. Ils passent comme des troupeaux innocents. Mais les délicats et les artistes corrompent peu à peu l'atmosphère des lieux célèbres, en y laissant quelque chose de leur personnalité.

Cet art florentin où rien n'est mièvre ni affecté, mais qui suit la nature, avec minutie et simplicité, peu à peu devant notre imagination s'est modifié au contact de tant de jeunes filles et de poètes professionnels (les meilleurs comme les pires) qui l'ont célébré en termes recherchés et précieux. Ces types jamais vulgaires mais de vie populaire, avec de la malice parfois et souvent une santé chétive, déformée par les métiers et les privations, on a voulu les voir comme une aristocratie, une élite raffinée dont tous les liens seraient coupés avec la réalité. Pauvres petites gens que j'admirais tout à l'heure faisant vos besognes familières dans les fresques de Benozzo Gozzoli (au Campo Santo), à vouloir vous ennoblir, peu à peu on vous enlève vos mérites. Vous êtes des êtres qui riez, peinez, pleurez, tremblez, dépérissez;

vous faites partie d'une civilisation; vous ne la résumez ni ne la dominez. En vérité, vous n'avez pas assez de beauté pour qu'on vous hausse impunément au rôle de demi-dieux; laissez cela aux enfants de Michel-Ange. Vous êtes une gentille plèbe, telle qu'en produit, aux époques artistiques, chaque métier dans chaque pays, et à vouloir vous déclasser, à vous faire sortir de la catégorie des figures réalistes pour vous introduire parmi les types du génie humain, les poètes, d'accord avec les demoiselles anglaises, ont mis à la mode un romanesque, je ne sais quelle simplicité élégante, dont la fadeur dégoûtera bientôt les esprits sincères, au point que vous, pauvres artistes innocents de cet engouement, vous tous et surtout Botticelli, vous tomberez pour un certain temps dans la plus triste défaveur.

Pour retrouver l'atmosphère sincère de l'art toscan (et puisque aussi bien Pise est trop connue pour qu'on la décrive encore), je suis allé dans la campagne et à travers une belle forêt de pins jusqu'à la mer. Sur l'horizon, des montagnes fines et précises, crêtées de neige; dans la plaine, çà et là, des cyprès décoratifs. Sur la plage, à une heure et demie de la ville, j'ai visité Il Gombo, où les flots rejetèrent le cadavre de Shelley, que Byron fit brûler, témoignant une fois de plus le don, qu'il poussa jusqu'au génie, de mêler des allures déclamatoires à la sincérité du chagrin.

Les cendres de Shelley purent bien tenir dans cette main, mais son cœur s'en était échappé. Quand il mourut, il était sur le point de se brouiller avec son impérieux ami. Les motifs de cette séparation constituent un admirable témoignage sur les caractères d'exception. Dans ce dossier du génie on trouverait l'histoire d'Allegra, la fille naturelle de Byron, romanesque et mystérieuse comme l'*Euphorion* du second *Faust*. Elle mourut à quinze ans; elle était la nièce de Shelley, et celui-ci ne put excuser le manque de cœur de Byron qui, en effet, assume une grande part de responsabilité dans la mort de la pauvre petite.... Croirait-on que cette belle-sœur de Shelley, qui fut la maîtresse de Byron et la mère d'Allegra, ne mourut qu'en 1879! Les plus jeunes d'entre nous auraient encore pu connaître une maîtresse de Byron et une maîtresse de Napoléon, cette petite pas grand'chose de Mme Fourés qui figurait en habits d'hommes dans l'armée d'Égypte, et ne mourut qu'en 1869. Plutôt que d'écouter la vague sur cette plage si triste, vaudrait-il pas mieux interroger les vieilles femmes?

Nul signe ne marque sur la grève l'endroit où vont les pensées de tant d'admirateurs, mais on le reconnaît à ceci que c'est le point d'où cette solitude se déploie avec le plus de magnificence. Une mer sans voiles et d'un bleu profond, des pins terriblement déformés par le vent, et par-dessus, dans le lointain, rien que les Monts Pisans qui mettent un troisième bleu entre les teintes du ciel et de la mer, composent un ensemble délicat et puissant, où l'on se surprend à louer la nature d'atteindre ici la beauté sans prodigalités ni efforts. (Comparez à cette sobriété la Suisse, si ridicule avec ses rodomontades de montagnes, de précipices, de glaciers, de sapins, de nuages, d'avalanches et tout son matériel qui, malgré tout, demeure impuissant à nous toucher.)

Cette promenade, mieux qu'aucun traité, m'a donné le ton pour goûter l'art réaliste de Toscane et tous ces primitifs. Second bénéfice, j'ai rencontré un troupeau de chameaux qui s'en allaient travailler aux champs avec un nonchaloir attendrissant. Troisième bénéfice à ne trouver au lieu funéraire de Shelley aucun signe matériel, j'ai senti une fois de plus que les tombes nues sont les plus belles.

Si la mode se propageait de mettre des photographies dans les cimetières, ce serait un grand malheur. La somme de poésie qu'il y a dans l'univers en serait considérablement diminuée, car la mort perdrait sa mélancolie. C'est une impression que j'ai eue très forte ces jours-ci au cimetière de Gênes. On y voit sur les tombes les représentations en marbre, en bronze des défunts. Tantôt couchés et recevant les derniers embrassements des leurs, tantôt en veston comme ils avaient coutume, ils arrêtent toute sympathie. A les voir tels qu'ils furent, on bénit la mort. Mort bienfaisante, qui nous a délivrés de pareilles horreurs! A considérer telle vieille femme, ce sot, ce fat et ce gaillard, je me disais : « Enfin! nous l'avons enterré! C'est toujours un monstre de moins! » Mais pas une fois, dans ce cimetière, je ne trouvai le sentiment que j'y venais chercher : ce que nous donne de regret vague un nom sur une dalle déjà rongée, et de qui, bientôt, ce sera comme si cet être n'avait pas vécu.

Mars 1894.

SIENNE

Cette rude petite ville de Sienne, si pleine de volupté, apparaît à l'imagination comme la receleuse chez qui le Sodoma vint entasser les trésors qu'il composait selon les conseils du Vinci et selon son propre cœur, qui était trouble.

Étrange enfant, cette Sienne, à la fois si dure et si souple, cerclée de murailles qui la compriment et assise avec aisance sur trois collines. Ces rues étroites, enchevêtrées, qui sans trêve grimpent et dévalent, que de fois je les ai suivies dans la fraîcheur qu'y maintiennent, même en été, les lourds palais qui les bordent ! Je les sillonnais en tous sens, entrant chez les antiquaires, m'intéressant à toutes les églises et me reposant enfin à la cathédrale parmi les charmants jeunes gens, vrais pages de plaisir, du Pinturicchio.

C'est la qualité de la lumière, plus encore que tant de chefs-d'œuvre particuliers, qui varie le pittoresque de Sienne. Au matin, quand tout l'être est léger et que le pied semble prendre de la joie sur les dalles élastiques des rues, j'ai vu, au fond de sa place fameuse, le Palais Public gai, jeune, avec ses créneaux qui lui font une couronne et sa gentille loggia. Une ombre fraîche et lumineuse l'adoucissait ; le soleil, en face, éclatait sur le marbre blanc de la fontaine, et tous les palais de cette place, si étrangement dessinée en forme de coquille, prenaient leur pleine valeur, rouges, gris, verts et violets…. Et puis je l'ai vu, ce Palazzo Pubblico, le soir, si sombre, si triste de son balcon désormais muet, de son beffroi dont la voix n'a plus d'autorité et de sa haute tour qui n'aperçoit plus rien d'héroïque.

Une des plus fortes sensations de cette Sienne, dont les rues étroites, toutes dallées et fraîches, semblent plutôt les couloirs d'un immense palais, ce sont soudain des jours, des sortes de fenêtres, ménagés aux plus beaux points et d'où le regard, franchissant les ravins bâtis que forme la ville, embrasse les longs aspects vallonnés de cette campagne surprenante. Parfois encore, la rue s'élargit en terrasse, toujours bornée à pic par l'abîme et plantée de trois arbres, d'autant plus précieux parmi tant de pierres. Combinaison fort habile de l'art ou du hasard. Nous commencions vaguement à souffrir de ne fouler jamais de terre, de n'apercevoir jamais un arbre, mais seulement, entre les hautes frises des palais, une raie de ciel, et voici que soudain un mur s'abaisse à n'être plus qu'un garde-fous sur les pentes qui nous séparent de l'immense horizon.

Ce mélange légèrement théâtral d'architecture et de nature, mis au point par tant de siècles, constitue un divertissement artistique tel que, pour ma part, jamais je ne me lassai d'en sentir l'imprévu. Les jardins les mieux étudiés, le Boboli avec ses trouées sur la campagne de Florence ou ceux des lacs Majeur et de Côme, à l'instant où leurs collines d'azalées défleurissent sous les magnolias commençant, ne passent pas en beauté ces places où les femmes de Sienne, en tirant l'eau du puits sous des arbres centenaires, embrassent un horizon illustre.

Tel est le prestige de Sienne grave et voluptueuse dans ses aspects les plus modestes comme dans ces promenoirs illustres que lui sont sa cathédrale qui la domine, et sa place, qui lui fait un centre.

C'est le caractère de la Toscane entière. On ne saurait être jeune avec plus de gentillesse que ces territoires florentins ; nulle part la jeunesse n'a été davantage une jolie chose à mettre dans son lit, et si vives que soient dans cet air léger et brûlant les sensations, jamais elles n'y sont entachées de bassesse. Mais à Sienne plus qu'en aucun lieu de Toscane, ces deux caractères, gravité et volupté, s'affirment avec intensité et par là contrastent fortement. Peu de nuances, des couleurs fortes et quelque chose du sensualisme âpre dont l'Espagne est exaspérée.

Dans cette étroite enceinte, tant de durs palais-forteresses, del Magnifico, Salimbeni, Piccolomini, Tolomei, avec leurs tours et leurs créneaux, nous remémorent des légendes tragiques jusqu'à la férocité, et puis, à leurs pieds, voici la petite maison trempée de dévotion de sainte Catherine, un des reliquaires qui ont mis dans le monde chrétien le plus d'attendrissement.... Et quand nous visitons le Musée, même antithèse entre l'énergie sévère des primitifs Siennois et la force passionnée du Sodoma assisté des Beccafumi, des Pacchia.

Le Sodoma! c'est la volupté du Vinci; mais

le trouble qui nous inquiétait déjà dans le sourire lombard, ici a gagné tout le corps. Ah! ce n'est point le mystère cérébral seul qui fait notre curiosité à l'oratoire de San Bernardino, à l'église de San Domenico, devant ces tableaux multipliés par le Sodoma avec une telle fécondité que l'esprit de Sienne en est tout modifié et que d'histoire et d'aspect si rudes elle nous emplit pourtant de mollesse.

A Florence, déjà, nous avions soupçonné son secret devant le *Saint Sébastien* des Offices. Ce qui fait l'émoi de ce merveilleux jeune homme, ce n'est point la flèche qui traverse son cou, ni celle qui met sur sa cuisse deux minces filets de sang. Nulle femme ne s'y trompera. Involontairement, elle s'avance pour recevoir ce beau corps dans ses bras. Lui-même, avec cet air de vierge et sous cette impression pour lui inconnue, croit mourir, veut des bras qui le serrent. L'extase, l'angoisse de ses yeux, de sa bouche entr'ouverte, avouent ce que nous dit d'autre part la sombre et brûlante image que le peintre nous a laissée de lui-même.

On peut voir, dans une fresque de Monte Olivetto, cette impérieuse figure olivâtre, long ovale qu'accompagne une large chevelure noire tombant jusqu'aux épaules, et puis ces yeux splendides, cette bouche trop épaisse. Ah! te voilà bien, Antonio Bazzi, *detto* il Sodoma!

Chez un tel homme, les images sensuelles prennent une acuité exceptionnelle, rompent l'harmonie, ou, pour parler librement, la médiocrité de notre vision ordinaire. C'est une loi invincible de son être; il transforme dans son esprit les réalités du monde extérieur, pour en faire une certaine beauté ardente et triste.

Ils ont raison de se choquer, de s'épouvanter, ceux pour qui l'art n'est point un univers complet et qui, ne sachant point s'y satisfaire exclusivement, tenteront de transporter des fragments de leur rêve dans la vie de société : rien n'en résultera que désastres.

Les jeunes gens du Sodoma, qui mêlent à la

vigueur physique attestée par leurs muscles d'athlètes une expression intellectuelle si aiguë qu'elle en devient douloureuse, sont une vision épuisante. L'exaltation psychique unie à cette force de vie atteint aux plus hautes expressions du désir, du désespoir, de l'ardeur à la vie, et provoque en nous, tout au fond de notre conscience, des états inconnus dont la force surgissant pourrait bien rompre l'ordre social.

De ses femmes les sentiments ne sont pas moins aigus.

La *Madeleine* sur l'épaule du Christ mort, appuie sa joue, lui tient la main, avec quelle secrète douceur! Jamais tant qu'il vécut elle n'osa ce geste familier qui lui est infiniment sensible.

Voici sa *Judith*, jeune fille qui rentre au camp des Hébreux. Et pourtant Holopherne était un vigoureux vivant! Comme une femme oublie l'acte auquel elle s'est prêtée! A la voir qui passe ainsi ce matin-là, ne dirait-on pas une vierge dont aucune image jamais ne brouilla le regard? Petites mains qui tenez ce sabre sanglant, avant que le coq ait chanté, ne fûtes-vous pas deux petites mains frémissantes et caressantes ?

Et dans la fresque où le peintre représente l'épisode fameux du condamné qui, pour mourir sans blasphémer, exigea que la sainte lui tînt la tête sous la hache du bourreau, le groupe des vierges, accourues pour voir sur le tronc décapité le désordre de la mort, nous révèle le goût impur de la femme pour le sang et pour l'épouvante. Dans toutes les filles de Montmartre haletantes de détails sur le dernier guillotiné, Sodoma m'a fait reconnaître Hérodiade.

Mais de ce maître, la force expressive sublime, c'est *Sainte Catherine* exténuée. Ce qu'elle fut, cette sainte, de qui Sienne est remplie, on l'entrevoit d'après ses portraits à peu près authentiques : une vieille fille énergique, fort intelligente, que n'arrêtaient ni le respect humain ni les obstacles. Ses ardeurs, très réelles, n'ont rien à voir avec la mollesse. Leur qualité apparaît toute dans sa démarche auprès de Grégoire XI, qu'elle fit rentrer dans Rome : « Pour accomplir votre devoir, très saint Père, et suivant la volonté de Dieu, vous fermerez les portes de ce beau palais et vous prendrez les routes de Rome où les difficultés et la malaria vous attendent, en échange des délices d'Avignon ».

Comment cette femme d'action, de génie énergique, exaltée par ses méditations solitaires, devint-elle dans les arts le plus voluptueux symbole? La figure de sainte Thérèse a subi une transformation analogue. La légende toujours auréole de trouble et de charme ceux qu'elle choisit. L'imagination populaire ne peut s'accommoder de faits précis et répugne à l'analyse des caractères.

On suit la transition chez les artistes plus rapprochés de la sainte. Dans la salle du Conseil, au Palais Public, la délicieuse *Sainte Catherine* de Vecchiatta! Quelle princesse du mysticisme! C'est adorable et bien précieux, car il y a une intention de ressemblance et Vecchiatta a dû se servir des portraits du temps. Le teint frais de la bonne nonne et les beaux grands yeux qui ont beaucoup pleuré, et l'arc de la bouche, et les longues mains aristocratiques qui portent les stigmates comme des joyaux.... Elle a fait assez pour nous toucher si, nous présentant ses plaies, elle nous remémore ses vertus. Mais de ces vertus, les Siennois bientôt voulurent une représentation émouvante ; ils se convainquirent que celle qu'ils aimaient avait dû être la plus impressionnante des amoureuses. Est-il rien de mieux que leur maîtresse qui se pâme pour impressionner des hommes rudes? Il fallut bien que Catherine, maîtresse de Sienne, se pâmât.

L'Évanouissement de sainte Catherine, par Sodoma, avec son corps ployé dont de molles étoffes nous révèlent la défaillance, provoque et contente nos forces secrètes. C'est tout notre être qui s'intéresse là. Le plus beau des objets d'amour, voilà ce que le Sodoma a créé à San Domenico de Sienne, et l'installant si mol et trempé de passion parmi ces duretés, il a créé un des contrastes les plus puissants que propose à ses voluptueux le monde de l'art.

Avril 1894.

L'ÉVOLUTION DE L'INDIVIDU

DANS LES MUSÉES DE TOSCANE[1]

Hommage de soumission à l'héroïque
Michel-Ange.

On admet qu'un peuple évolue selon les mêmes lois qu'un individu. Si les notions que l'on s'est faites sur le développement du Moi sont exactes, ne devront-elles pas se vérifier dans les musées considérés dans leur ordre

---

1. On remarquera que nous confondons peu à peu l'art de Toscane et l'art italien entier. C'est une façon de voir très supportable dans ce raccourci.

Depuis Giotto, de qui toutes les villes d'Italie subirent l'influence, l'école florentine, dans son progrès ininterrompu, rayonne sur tous les artistes doués qui dans chaque région essayent loyalement de remplir leur tâche, et, d'autre part, elle s'approprie l'idéal créé par les maîtres divers, de telle sorte qu'elle peut être dite l'origine et le centre de l'art italien, et que leurs deux développements dégagent une philosophie semblable. Ce qu'il faut réserver, c'est Venise, de qui le génie et toutes les circonstances sont très particuliers. Pour Venise nous avons tenté ailleurs une synthèse analogue (*Mon triomphe de Venise, Un Homme libre.*)

chronologique et qui, en certains pays, sont le meilleur document que nous possédions pour la psychologie de la race?

I

EXISTER

Il y a six siècles, en Toscane, rien n'existait du petit monde qui peuple aujourd'hui les musées. A Lucques, à Pistoie, villes dégradées, mais non mortes, on trouve ses lointains ancêtres : ce sont ces reliefs maladroits qui apparaissent, vers le milieu du xiie siècle, au portail et sur les chaires des églises romanes.

Églises admirables déjà d'ampleur et de gravité, parce qu'elles expriment un sentiment social, l'union et l'orgueil de tous les citoyens gravement intéressés au bien-être de l'État. Quel caractère puissant et déterminé elles avaient, ces petites villes, si resserrées, si denses d'impression, qu'on croit les toucher, les tenir dans sa main! Mais j'y cherche vainement l'expression d'une façon de sentir.

Dans ces cités déjà si fortes et qui devaient donner à l'art tant de types humains, on ne trouve pas au XIe siècle un individu.

Et pourtant en puissance elles contenaient tous les chefs-d'œuvre de la Toscane; on le perçoit bien quand, au soir, après une journée de contact, sur leurs vieux murs, on fait sa promenade en rassemblant d'esprit ses notes de la journée.

Faire le tour des remparts, c'est boucler définitivement le petit dossier de sensations qu'on vient d'amasser sur une ville, c'est compléter son enquête par un regard sur la campagne où s'est formé ce petit monde. C'est lui prendre son inconnu, lui dénouer sa ceinture. Et puis, par sa voix aussi, une ville se fait comprendre, aimer, et vers six heures, en avril, les cloches sonnent l'*Ave Maria*. Après cela, il n'y a plus qu'à la quitter, du moins avec une reconnaissance sensuelle, si elle n'a pas su garder tout notre être comme font telles patries dont nous demeurons tout imprégnés. J'ai quitté Lucques, n'ayant aimé que ses promenades, sa nature, dont elle n'a pas su, du temps qu'elle était si ardente à la vie, tirer une expression.

La plaine et les montagnes en Toscane ne sont jamais vulgaires, mais fines et fortes, avec une noblesse qui vous conquiert, comme fait la douceur d'une jeune femme, qui dès l'abord n'avait point cherché qu'on la distinguât.

Nul pays où les arbres, les collines, les heures du jour soient autant les jumeaux du petit peuple des musées. On croirait qu'ils furent créés dans le même instant par les mêmes influences, et s'il faut concéder que l'un précéda l'autre, j'admets plus volontiers que la nature florentine s'est composée sur l'art florentin.

Le long de la *viale dei Colli*, dans cette heure lucide du soir qui sublime la réalité, j'ai vu flotter au-dessus de Florence toutes les formes d'art qui précédèrent la venue du Créateur Michel-Ange. Après avoir visité à toutes les heures de la journée les douces et sérieuses villas de la campagne de la Toscane, je ne pouvais rien apprendre des images du xive et du xve siècle. Elles ne m'offrent aucune conception de l'univers que ne m'aient déjà suggérée et de façon très précise les lignes de ce parfait paysage composé de l'Arno, des Apennins, de la ville avec ses villas éparses, de noblesse et de tendresse mêlées.

Oui, l'horizon de Florence fournit au spectateur l'humilité penchante d'un Giotto, les formes sérieuses d'un Ghirlandajo, le précis, la finesse et la symétrie d'un Lorenzo di Credi. Sur la droite de la terrasse Michel-Angelo, il y avait, hier au soir, un verger d'oliviers argentés, si tristes, si délicats, avec ces petits gestes sans tapage que font leurs branchages ténus. Et c'était tout Botticelli avec la grâce de sa Simonetta. Pré d'oliviers, refuge de la beauté, d'une beauté un peu boudeuse, un peu précieuse aussi, légèrement contournée et que ne surcharge aucune parure. Cette Toscane d'ailleurs, pour livrer l'essentiel de soi-même, n'a pas besoin des circonstances favorables de l'heure. En plein midi, un dimanche, tandis que le son éclatant des cloches dans l'air embrasé se confond avec la vibration du soleil, les montagnes de l'horizon de Florence, nettes, déterminées et précises comme du métal, gardent la souplesse de la jeunesse et l'onctueux de sa sève, de telle façon que le Bargello, où tous les adolescents de la Renaissance florentine nous émeuvent par la puissance de leur bronze et le frémissement de leur jeunesse, nous apparaîtra comme la collection des jeunes forces réalisées que nous avions vues éparses sous le plein soleil de Toscane.

A cette grâce des choses, à cette liberté dans les lignes les plus déterminées, nul doute que ne fussent sensibles les habitants de ce beau pays dès le XIIe siècle. Ce qui leur manquait, c'était de prendre conscience des éléments de cette beauté. Il leur fallait un intermédiaire entre eux et la nature, quelqu'un qui les intéressât aux lois de la vie, à la structure anatomique des corps, à la perspective exacte ; un maître, enfin, qui les mît à même de dégager l'essentiel (tout l'essentiel et rien que l'essentiel) des choses sensibles pour en faire de l'idéal.

Ce maître, ils le trouvèrent au milieu du xiiie siècle. Ce fut ce vieillard qu'on voit au Baptistère de Pise sur un des côtés de la célèbre chaire de Niccolo Pisano. Non avertis, vous le croiriez simplement un grand prêtre dans une *Présentation au temple,* une sculpture en relief, ni meilleure ni pire que tant d'autres. Mais sachez que celui-là, c'est l'ancêtre de tout le peuple des musées de Toscane, et ainsi l'ancêtre de beaucoup de sentiments et de beaucoup d'actes, et par là encore de beaucoup de bonheur et de malheur qui animèrent l'humanité depuis la Renaissance.

Pour une influence si féconde, quelle est donc la vertu secrète de ce vieillard, près de qui, tous, nous passerions indifférents si les historiens de l'art ne nous l'avaient signalé ?

Vaut-il par son ardeur à tenir l'emploi de grand prêtre et à accueillir son Dieu dans le temple? Avons-nous ici quelque témoignage émouvant de la foi des simples au xiiie siècle? Non point. Ce grand prêtre ne se soucie pas de la scène religieuse où il figure; il n'a aucune sincérité; c'est un simple figurant.

Un figurant, oui, car traversez la place, entrez au Campo Santo, examinez dans cet angle, sur cette belle colonne de marbre vert, ce vase antique; vous y trouverez précisément le vieillard. Pisano l'a emprunté ici pour le mêler à ses images pieuses. Et, sur cette frise, depuis tant de siècles, que fait le vieillard? Il figure dans un cortège bachique. Il suit le gros Silène qui joue du pipeau. Les cordons de ses sandales sont dénoués, et un jeune homme courbé les rattache. Lui-même, dans les plis de sa robe, tient pressé un petit garçon. Où vont-ils ainsi? Je songe aux *Contes Milésiens*. Nul ne se douterait qu'un tel bacchant va au Baptistère de Pise émouvoir les dévots du Christ. C'est qu'aussi bien il ne vaut que par la beauté de sa barbe et l'harmonie des plis de sa draperie. Son mérite, c'est de *vivre*. Ne lui demandez rien de plus, mais cela il l'apporte au petit peuple des musées; il leur donne le secret de la vie.

Doués d'un sens très vif de la nature, mais incapables d'atteindre à la vision directe des choses, les Toscans, si désireux de réaliser les images que leur proposait leur pays, s'approprièrent d'abord la noblesse des formes, l'allure de l'art antique.

Le danger était que ces premiers êtres qu'ils créaient demeurassent de simples figurants, capables d'exister, de se grouper même, mais indifférents. Attendez, laissez la race prendre conscience des éléments de la beauté humaine et des lois de l'art. Assez vite, le peuple des musées va s'individualiser.... En moins d'un siècle, toute cette grâce aisée et forte, qui nous suppliait de lui donner l'être quand nous nous promenions sur les remparts de Lucques et dans la campagne de Florence, prendra corps.... Voici le xve siècle ! Le peuple des musées est prêt. Tout ce que la Toscane renfermait de types en puissance aboutit à l'existence. Ils couvrent les murs de ses cloîtres, de ses palais, de ses églises. Ils savent se mouvoir, exprimer leurs sentiments, se grouper, nous charmer même.

C'est vrai qu'ils ne savent rien de plus. Pour eux il s'agissait d'abord d'être viable, d'exister. Sur l'univers, ils ne nous donnent aucune notion que nos yeux n'eussent amassée à se promener sur les lignes de l'horizon de Toscane. Tout ce petit peuple des musées du xve siècle a bien besoin que le Vinci vienne lui apprendre à méditer.

Je sais que, dans ces simples, la mode de notre époque est de trouver des qualités émouvantes. On peut toujours prêter aux pauvres et aux faibles ; mais, eux, en vérité, ne peuvent que nous enseigner la patience et nous offrir leur bonne volonté à recevoir. C'est près du Vinci, de Michel-Ange, du Corrège, que l'on acquiert quelque chose de plus qu'à respirer les fleurs dans le beau jardin de Toscane. Allons à la chapelle des

Médicis; nous y verrons les personnages de Michel-Ange se créer un Univers; non plus seulement assembler les éléments de beauté épars en Toscane, mais superposer un monde à la réalité.

II

SE CRÉER UN UNIVERS

Ils ont raison, eux tous, veaux, ânes, jeunes femmes, garçons (dans *l'Adoration des pâtres* de Ghirlandajo), de venir, pêle-mêle, au même abreuvoir, faire un même acte d'adoration. Un sentiment commun les relie : « Seigneur, donnez-nous aujourd'hui notre pain quotidien », et aussi, sans doute, « la joie de vivre encore dans ce beau paysage ». Voilà toute leur âme, la conception la plus élevée de leur vie intérieure, et c'est l'âme aussi de tout le petit peuple des musées au XIIIe, au XIVe siècle. A cette même prière s'associent les honnêtes gens de Fra Angelico, les raffinées de Botticelli, la petite Vénus de Lorenzo di Credi et jusqu'aux madones de Raphaël, qui ne sont que les plus perfectionnées de cette race.

Mais combien elle est différente, la phrase que l'on entend du peuple de Michel-Ange, à la Sixtine, à la Chapelle des Médicis ! c'est ici une sublime illustration du plus grand des problèmes d'éthique.

Celui qui pénètre sous ces voûtes impérieuses croit d'abord y reconnaître le lieu de la méditation. Erreur ! L'endroit où la méditation fut apportée au monde, c'est à Milan, dans le réfectoire de Santa Maria della Grazie, la Cène du Vinci ! C'est dans son atmosphère que la vie intérieure atteint sa plus grande intensité et que l'esprit humain embrasse tous les aspects de la réalité en même temps qu'il en conçoit les lois. Mais un autre effort contracte les personnages de Michel-Ange, et leur secret n'est point simplement qu'ils méditent....

Ici, retardons notre enquête. A cet instant, les étapes de l'art ont une telle signification que ce nous sera un grand bénéfice de prendre une vue nette de cette évolution, marquée d'ailleurs par des traits immortels.

Parfois déjà, avant le Vinci, apparaît de-ci de-là dans le peuple des musées une petite vie intense et discrète. Dans ce tableau de Botticelli, *Allégorie du Printemps*, vulgarisé par la mode, verger où des jeunes dames dansent sous des orangers, il m'est impossible de ne point m'attendrir sur cette petite beauté des femmes qui passe comme une saison et, pas mieux que les fruits de ces branches pendantes, ne saura se refuser à des mains violentes. Elles-mêmes en ont quelque sentiment triste que témoignent dans leur allégresse leurs petits airs penchés; mais enfin c'est quelque chose qui ne passe guère en qualité intellectuelle l'impression que je puis avoir d'une petite olive qui se ride. Parfois aussi, apparaissent des soucis d'isolement : telle image de Lippo Memmi, au commencement du XIV° siècle, est déjà froissée par la vie; elle se retire à l'écart, de la main, de la tête, de la bouche surtout, mais c'est bouderie, non méditation :

elle subit des sentiments, des sensations, et ne les ordonne pas. Cette tâche sublime appartient au Vinci.

Celui-là, on ne saurait trop l'admirer, car, poussant à ce degré la compréhension des causes, il a donné à l'intelligence une valeur morale. Cela, je l'ai déjà dit[1], et je sais que quelques esprits de haute culture me savent gré de cette indication. La moindre des créatures qui nous est parvenue du Vinci connaît les deux côtés de la tapisserie qu'est l'univers : de là le sourire de leurs yeux baissés et encore leur calme énigmatique. Le sourire, le calme, l'expression énigmatique, quoi de plus naturel chez celui qui connaît la représentation du monde que se composent les hommes et qui, d'autre part, pour avoir pris conscience des lois de la mécanique universelle, peut appeler par leurs vrais noms toutes ces impulsions qui, sous le pompeux décor social, animent ce que l'on nomme l'honneur, la gloire, la justice !

---

1. *Une visite au Vinci* et tels chapitres de *l'Homme libre*.

Par cette clairvoyance, déjà sa Joconde, les jeunes victorieux de ses dessins sont de haute supériorité intellectuelle, oui, vraiment, des jeunes vainqueurs de la réalité, des vainqueurs du mensonge ; mais voici que pour vaincre le mensonge il fait le pas suprême, il crée le Juste, ce Christ de la Cène, qu'il faut étudier dans l'esquisse du Brera.

Le geste de ses mains et ses traits, qui sont, pour notre constante indignité, le plus douloureux des reproches, signifient qu'à comprendre tout et à distinguer la bassesse irrémédiable qui est à l'origine de chacun de nos sentiments, le sage, celui qui sait, pardonne tout. Tel est le mot suprême d'une connaissance complète et d'une méditation de la réalité : c'est l'acceptation.

Accepter ! Voilà le terme de ce sublime Vinci. Mais Michel-Ange, par un élan brusque, nous emporte bien au delà, et après que le précurseur avait démasqué la réalité, mais se bornait à la comprendre sans rien lui substituer, il jette dans l'existence des êtres plus vainqueurs encore, car ils prétendent, à celle-ci, substituer une autre réalité, conforme, enfin, à leur propre nature, et qui, par là, sera non plus un mensonge, mais la vérité.

Se créer un univers! Tel est le grand mot, la formule à commenter, mais qui contient la Chapelle des Médicis, la Sixtine, tout Michel-Ange.

Considérez bien que ce solitaire-ci n'est point un galant homme de cour à la façon de Léonard, qui, curieux de connaître les lois de la nature, s'accommode de toutes choses par l'ironie, le dédain, la pitié et aussi la noble indulgence. Avec sa bouche âpre, sa figure d'ouvrier obstiné qui n'a que faire de l'opinion d'autrui, on prévoit dès l'abord que celui-ci prétendra conformer l'univers à sa volonté et non pas la plier d'après l'univers. Mais entrons où vit son peuple, à la Chapelle des Médicis, à la Sixtine, à San Pietro in Vincoli, auprès du Moïse.

L'atmosphère que créent de tels personnages n'est viable que pour eux. A voir ces muscles d'athlètes, je sens qu'ici ce n'est point de méditation qu'il s'agit, car pour comprendre la nature, l'homme peut être faible comme un roseau. Mais voici bien le lieu du plus terrible effort. Non point de quelques travaux à la manière d'Hercule ; nous sommes plutôt dans la race de Prométhée. Ces êtres-ci se conquièrent, s'arrachent de leur bloc de marbre. S'ils nous parurent tout d'abord méditer, s'ils sont, en effet, repliés sur eux-mêmes, c'est pour distinguer en leur conscience les êtres qui s'y sont obscurément formés, et pour se réaliser dessus. Ils veulent devenir. Le devoir qu'ils se sont imposé, c'est de se conformer malgré tout à leur destinée. Que chacun sculpte sa propre statue », disaient déjà les Alexandrins.

Mais pour être son propre sculpteur, pour réaliser consciemment les modifications auxquelles un inconscient travail pourrait, dans la suite des siècles, hausser la race, pour mettre dans le présent tous les possibles qui sourdent en nous, quel terrible effort ! Michel-Ange, peu avant de mourir, écrivait ce mot, trop fréquent dans le testament de ceux-là mêmes qui se sont adonnés à la plus haute culture psychique : « Malheureux que je suis, qui, en pensant aux années écoulées, ne retrouve pas, parmi elles toutes, un seul jour qui ait été à moi ! » Cet affreux sentiment de n'avoir pu, malgré tant d'efforts pour se conformer à son idéal et pour être vraiment soi, échapper à tout ce qu'il y a de bas dans la condition humaine, voilà ce qui mêle tant de douleur, d'âpreté, à l'effort et à la songerie de ses héros: Ses Esclaves, ses hommes et ses femmes des Tombeaux des Médicis, son Moïse, ses vierges, se sentent impuissants à s'arracher du marbre brut, où plusieurs d'entre eux, en effet, sont matériellement encore deminés. Ses Sibylles, ses Prophètes, sont si tragiques de tristesse, de fièvre, parce que, dans l'avenir, ils aperçoivent des conditions où ils eussent été eux-mêmes plus beaux, plus heureux, cependant qu'ils distinguent aussi que leur sort sera de n'atteindre pas le terme de cet éternel devenir. Comme ce Moïse — dont Michel-Ange tire un si fort symbole de la

Nature qui tient en main ses lois — ils n'entreront pas dans l'univers dont ils ont la prescience et où tend leur formidable énergie.

C'est seulement du sommet de la Métaphysique qu'on peut jeter un regard de cette force et de cette tristesse. Michel-Ange est un des esprits qui, dans l'ordre de la spéculation, peuvent être dits héroïques. Avec les Alexandrins et les Allemands du commencement de ce siècle, celui-ci a conçu le Moi maître du monde.

Négligeons, n'est-ce pas, la légende d'après quoi la femme (dite *la Nuit*) du tombeau de Laurent de Médicis exprimerait la douleur causée à Michel-Ange par l'asservissement de Florence. L'opinion vulgaire se plaît à limiter la portée d'une œuvre, à la réduire dans quelque anecdote. Le jour où ce grand esprit écrivit sur le socle le fameux sonnet « Ne la réveillez pas », il se servait en effet de son œuvre pour témoigner ses sentiments de citoyen, mais quand il l'avait conçue, c'était pour signifier une puissance de souffrir et une déception dont la cause n'était pas assurément une circonstance transitoire, mais la qualité même de son génie, et pour tout dire, de l'esprit humain froissé de tant d'antinomies.

Si une œuvre de telle violence comportait un commentaire, il faudrait le demander au recueil même de ses poésies, à l'histoire lyrique de son amour pour Vittoria Colonna. Quand il écrit cette strophe si forte de sens : « Une beauté vue ici-bas par des yeux pénétrants ressemble mieux que toute autre chose à cette source mystérieuse de laquelle nous provenons tous », il exprime avec la terminologie du Dante une conception que les évolutionnistes modernes traduiraient ainsi : l'individu, comme l'espèce, se développe dans le sens de ses besoins, c'est-à-dire que c'est le désir qui crée ; or, l'instant où l'être humain est dans toutes ses parties le plus bouleversé de désir, c'est dans l'amour parfait ; donc rien autant que le rapport créé entre la beauté et l'homme ne ressemble à la puissance de créer.

Les raisonnements et la façon de lier les idées varient avec chaque génération. Les grandes métaphysiques, celles de Platon, de Dante, de Hegel et de Fichte, et tous les systèmes du monde, ne sont que des images poétiques pour extérioriser et rendre logiques des sensations par elles-mêmes profondes et obscures. Il ne faut point s'embarrasser des différences de vocabulaire ; là-dessous, c'est toujours le même bouillonnement de l'homme qui veut devenir Dieu. Michel-Ange l'a fait voir directement et sans l'intermédiaire des théories qui toutes perdent vite leur force émouvante ; il a dressé devant nous une humanité qui se veut arracher du marbre, s'individualiser en beauté.

La Chapelle des Médicis, la Sixtine, sont des réservoirs d'énergie probablement immortels. Bien des philosophies qui enseignent le même individualisme seront devenues incompréhensibles, que l'on viendra ici encore se convaincre que la seule tâche noble est, par un constant effort, de se créer soi-même, jusqu'à substituer à la réalité conventionnelle, c'est-à-dire admise par le commun des hommes, sa propre conception du monde, en un mot, recréer l'univers.

... Mais, haussé à ce degré, l'être humain pourra-t-il se maintenir? C'est ce que nous allons savoir des peintres de la fin du XVIe et du XVIIe siècle.

III

SE JOUER

Très rares sont les hommes qui puissent, comme Michel-Ange, toute leur vie, se maintenir dans un état héroïque. Ce grand homme parvint à substituer à la réalité son propre idéal; il créa un univers pour son usage, et pourtant il note qu'après ses enthousiasmes il lui reste « un je ne sais quoi cuisant qui cause ses pleurs ». S'il connut ces tristes périodes de rémission, que sera-ce des esprits moyens qui voudront, sur son exemple, se hausser jusqu'à cette ivresse de l'âme ! Pour de rares instants seulement ils parviendront à goûter les ivresses de la création : c'est le baiser si ardent, mais stérile, qu'échangent Léda et le Cygne.

On connaît ce groupe exécuté d'après Michel-Ange, par un de ses élèves, Ammanite. Combien j'y trouve de sens, du point de vue psychique ! Voilà Léda, la fille de Grèce et de Rome, la Renaissance, la race qui fournit au monde le type de la beauté ! Elle accueille l'oiseau mystérieux, l'amant inconnu, le chevalier Lohengrin. Il est le cygne des grands fleuves du Nord, et sous ses ailes frisonnantes détient les secrets qui flottent sur les lacs à l'ombre des forêts humides. Serpent, oiseau, poisson, à la fois repoussant et majestueux, le cygne est composite comme la nature même. Il apporte à la latine la rêverie germanique, le sens de l'universel, l'aspiration panthéiste. Mais ces vertus, dans un baiser qui surprend, Léda et le Cygne vainqueur ne les rapprochent que pour un instant. Baiser ardent, mais trop furtif, en même temps que trop ingénieux.

C'est qu'Ammanite voulait signifier l'état d'âme qu'il connaissait si bien de ceux qui, n'étant point nés au-dessus de l'ordinaire, essayent pourtant de connaître plus que la réalité! Symbolisme audacieux, et sur quoi nous méditerons devant les peintres de Bologne.

A la fin du xvi° siècle, le petit peuple des musées ne se propose plus de modèle extérieur; il tire sa vie de l'âme même de l'artiste. Du Vinci il a reçu la méditation; du Corrège, du Sodoma, la grâce et la sensualité triste; mais de Michel-Ange, l'exemple d'une vie héroïque; et c'est là dorénavant qu'il s'efforce d'atteindre, d'une façon réfléchie, employant toutes ses facultés lentement acquises pour se hausser à la plus intense exaltation. Ceux qui ne possèdent point l'âme héroïque d'un Michel-Ange, du moins se composent des conditions telles que, pour quelques instants, ils connaissent les exaltations d'une vie supérieure. Léda appelle le Cygne!

Précisément, le siècle venait d'imaginer une méthode pour introduire dans le monde supérieur du mysticisme ceux qui, désireux d'y pénétrer, manquent cependant de la force des Thérèse, des Loyola, des Catherine de Sienne, qui surent se créer spontanément leurs enivrantes visions. On connaît les *Exercices spirituels*, qui pour de brefs instants haussent des médiocres jusqu'à l'état d'âme des héros. Cette extase ne modifie pas la qualité naturelle des êtres, mais les sort momentanément de la réalité ambiante. Ainsi les peintres de Bologne, ne pouvant pas donner à leurs créations la vie supérieure et divine dont disposait Michel-Ange, du moins les placent dans des conditions telles que leurs facultés prennent leur pleine intensité.

L'art se mit systématiquement à rechercher quelles situations extrêmes il pouvait combiner pour mettre des êtres dans un état supérieur à l'ordinaire de la vie. La peinture, la sculpture, devinrent la représentation de personnes de caractères déterminés dans une catastrophe particulière.

Une suite de cas passionnés, ordonnés par une merveilleuse science psychologique, voilà ce qu'on voit dans les musées d'Italie au xvii° siècle. Pour le pathétique et l'analyse, c'est déjà notre roman moderne, mais avec le souci de la beauté en plus.

On n'attend pas que je décrive des œuvres gravées partout et que nulle description littéraire ne restituerait sincèrement....

On sait à Milan le célèbre Guerchin, *Agar chassée par Abraham*. C'est Sarah, c'est une femme légitime qui fait chasser honteusement sa rivale, une maîtresse désespérée, mais que l'orgueil féminin soutient. Examinez la méchanceté satisfaite et dissimulée de Sarah! A Bologne, du Dominiquin, la *Mort de saint Pierre martyr*; quelle excellente explication de tant de héros qui, souvent, furent tels contre leur volonté! Des anges descendent les palmes au martyr; mais terrassé par son assassin, il a une peur épouvantable, et comme il voudrait fuir!

On reproche à ces peintres universellement décriés que chez eux la Mère devient la gardienne ennuyée de l'Enfant, et si hautaine parfois que les chérubins musiciens et les autres petits anges timides ne reçoivent ses ordres qu'avec un empressement mesuré. Mais pensez, je vous prie, que l'artiste voulait nous faire voir une grande dame qu'on essaye d'amuser. Ce sont ici des peintures de mœurs et en vérité une excellente psychologie. L'amour surtout est fortement analysé dans toutes ses nuances. Là-dessus, les esthéticiens parlent de profanation et notent avec scandale qu'autour de la Vierge parfois les anges vont jusqu'à exprimer de la convoitise. Mais dans l'idée du peintre, ils sont des pages, et pensez à Chérubin auprès de la marquise.

Pour les passions tendres, ces artistes dédaignés de la mode moderne, sont souvent sublimes, notamment dans l'expression intense de la volupté. Le pathétique s'y fortifie de vérité pathologique. Voir à S. M. della Vittoria de Rome la célèbre statue de sainte Thérèse, du Bernin. C'est une grande dame défaillante d'amour[1]. Le peintre place ses personnages dans une action où ils pourront fournir exactement ce que nous voulons (ce que voulaient le xviie, le xviiie siècle et Stendhal, et Balzac) de confusion, de faiblesse pour être touchés et renseignés.

Ces vierges, ces saints, ces martyrs, ce sont des gens de cour. Ne vous étonnez donc point s'ils savent produire les grâces de leur corps, de leur esprit, et se placer dans les conditions où ils sauront le mieux en jouer. Et il fallait bien qu'on peignît alors des gens de cour, par la même raison que nos moralistes, nos analystes, nous présentent le plus souvent des femmes de la société : il faut des loisirs pour le raffinement des passions tendres.

Et aux énervés qui veulent qu'on les secoue et qui se contentent aujourd'hui avec les crimes,

---

1. On pourra référer p. 106. *De la dévotion dans l'amour*, et d'autre part notre sentiment des primitifs nous avons essayé de l'animer dans *les Deux Femmes du bourgeois de Bruges*.

les procès d'assises, les peintres donnaient les représentations terribles de martyres que vous savez.

De quel droit relevez-vous une contradiction entre les scènes sacrées qui servent de prétexte à ces drames psychologiques et l'esprit tout laïque qui fait leur essence, vous qui acceptez que tous les primitifs et Raphaël nous donnent pour des Vierges de bonnes petites filles de Toscane?

Quant à moi, convaincu que l'instant sublime est le groupe du Vinci, du Corrège, du Sodoma, dominés par Michel-Ange, je n'hésite du moins jamais à préférer aux primitifs et même aux peintres de la première moitié du xve siècle, le Guide, le Dominiquin, le Guerchin, les Carrache et leurs émules qui nous donnèrent de si fortes et abondantes analyses de la passion.

Je comprends que les archéologues se réjouissent de remonter jusqu'à un Giotto, un Pisano, un Duccio. Je m'explique que des poètes, épris d'archaïsme et qui, pour atteindre à une plus gentille gracilité, atrophient les sentiments en eux, se réjouissent de la pauvreté et de la mesquinerie de ces petites gens. Mais celui qui juge par soi-même, qui ne se plie ni sur la mode ni sur ses préjugés d'école en faveur de la sobriété, et qui est amateur de l'âme humaine dans ses abondantes variétés, reconnaîtra chez les bons exemplaires du peuple des musées au XVIIe siècle, des êtres qui reçoivent leur impulsion, non du monde extérieur, mais de leur monde intime, et qui ne se composent point sur des reliefs antiques ou des modèles, mais d'après les agitations de leur âme — dont ils ont une claire vision.

Or, tel est, jusqu'à cet instant de l'évolution humaine, le terme extrême du développement de l'individu.

Au résumé :

Il fallait exister d'abord et exister viable. Ce fut le service que Pise et Sienne peut-être rendirent à l'art au XIII° siècle.

Se composer lentement une vision de l'univers, harmonieuse et particulière, voilà la seconde étape que l'on franchit à Florence, quand l'individu prend une personnalité, médite avec le Vinci, aime à souffrir avec le Sodoma, aime à charmer avec le Corrège, et, avec Michel-Ange enfin, substitue aux réalités admises de tous un univers qu'il créé de toutes pièces par sa méditation.

Il s'agissait ensuite que tant de types nés à la vie organisassent entre eux des rapports où utiliser avec intensité les éléments qu'ils venaient de se créer. C'est l'œuvre que nous constatons dans les musées d'Italie après Michel-Ange, et voilà presque nos contemporains, en qui la passion devient un état voulu, atteint par des procédés mécaniques ou au moins un état conscient.

Ces trois phases marquent les étapes de la destinée psychique d'un véritable individu, en même temps qu'elles résument l'évolution de l'art dans les musées de Toscane. Aussi ceux-ci sont-ils une excellente éducation d'humanité. Éducation toute d'agrément, car pour nous dominer l'Italie n'use que d'émotions voluptueuses. On a dit : « Un ami, s'il laisse voir trop clairement son dessein de nous former, n'éveille aucun sentiment agréable, tandis qu'une femme qui nous forme en paraissant nous séduire, est adorée comme une créature céleste qui apporte la joie. » C'est dans ce sentiment que les hommes recevant de l'Italie, depuis des siècles, toutes les ivresses du bonheur, l'appellent justement leur maîtresse.

Avril 1894.

DANS LE NORD

LE CRÉPUSCULE
CHEZ LES ANIMAUX

Jusqu'à quatre heures, la journée avait été admirable; de ce soleil de novembre, les animaux étaient ragaillardis. C'était, dans les allées du Jardin d'Acclimatation, une élégante procession et comme une sortie de l'arche de Noé, les bêtes portant les enfants et suivies de parents très fiers et de vieillards attendris un peu plus que de raison.

Je vis passer la girafe, timide et donnant l'impression des demoiselles qui ont coiffé sainte Catherine — inutile comme elles et comme elles encore si contente qu'on la caresse ! L'éléphant promenait une noce d'un air indiffèrent, énorme, avec de la mousse sur ses cuisses et une piquante vivacité dans son petit œil. Le chameau aussi travaillait. L'un d'eux, surtout, beau comme un guerrier, avec ses longs poils gris de lin, et bien ramassé, ballottait comme une guenille malsaine le petit bourgeois accroché entre ses bosses.

Ces bêtes, si graves, à plusieurs reprises passèrent devant moi, escortées par la foule qui ne cessait de ricaner qu'on pût être éléphant, chameau ou dromadaire, et sans qu'aucune des personnes qui se pressaient autour de ces parfaits spécimens des grandes espèces, me parût présenter le véritable caractère de l'humanité — qui est moins, n'est-ce pas? de marcher sur ses pattes de derrière que d'ordonner intelligemment ses sensations.

Pourtant, je distinguai un joli couple. C'était une jeune femme de qui la marche souple prouvait des membres harmonieux et une bonne santé générale. Elle faisait plaisir à voir et marchait à côté d'un galant homme, plus âgé qu'elle de vingt ans et qu'aux nuances de sa familiarité on reconnaissait pour un amant récent, probablement un nouveau marié.

Vers cinq heures, soudain, tout changea d'aspect.... Nous vîmes les arbres nus de feuilles et les nuages décolorés. Les bêtes frissonnèrent d'angoisse de perdre le soleil et de retrouver novembre. Elles reprenaient leur éternelle songerie sur l'incertitude où elles sont de dîner le lendemain.

Les chiens, au milieu de qui je me trouvais alors, poussèrent de longues clameurs à voir un de leur espèce qui sortait du jardin avec ses maîtres. Mais à côté de ces furieux, les caniches, du museau, des quatre pattes et de la queue, se montraient tout sociables et ne semblaient désireux que de nouer des relations. Si beaux quand ils appartiennent à des maîtres, les caniches en ces étroits enclos ont l'air de gens oubliés. Je sais, dans les langues du Nord, un terme qui me touche beaucoup. Quant un homme a été trop ivrogne ou débauché, qu'il a lassé l'indulgence des siens, qu'il a perdu l'honneur enfin, il part, coupe tous ses liens, va seul dans le monde, et si quelqu'un lui dit un jour : « Mais je te reconnais; tu es un tel de tel village? » — « Non, répond-il, je suis Jean qui ne se rappelle pas ses parents. »

Voilà bien le vrai nom que je cherchais pour ces caniches. Ce sont des *Jean-qui-ne-se-rappelle-pas-sa-parenté*. Non point qu'ils aient démérité, mais jamais ils n'eurent de famille. Ah! qu'ils en souffrent! Quand leurs pattes de devant tricotent si affectueusement, quand leur langue ne sait qui lécher, nul, ayant un peu la compréhension des animaux, qui ne s'attendrisse. Tant de trésors d'affection perdus, et l'âge qui vient et les rendra moroses, voire leur donnera des pellicules ou la rogne! Une société qui n'accueille pas de pareils dévouements m'inquiète.

La nuit tombait toujours. Les singes posèrent les carottes qu'ils dévoraient en grimaçant, laissèrent reposer leurs appareils de gymnastique et même interrompirent leurs obscénités Les oiseaux se confondaient peu à peu avec la couleur du sol, et les faisans eux-mêmes, plus splendidement habillés que la vierge de Tolède, étaient enveloppés de cette ombre qui, dans la merveilleuse basilique d'Espagne, empêche de détailler la mystérieuse image sainte. Avec leurs buis taillés, les allées prenaient l'aspect d'un cimetière musulman. Et sur tout le jardin s'épandait le hurlement des otaries.

Longeant les roseaux trempés où glissent les canards et les sarcelles, je m'approchai de la vasque de ces phoques que l'ombre faisait pâle et tragique comme est en plein soleil la légendaire mer Morte. Un d'eux était allongé sur l'eau et poussait des soupirs sinistres. Sur leur rocher, quatre oiseaux du Nord, assez hauts de pattes et infiniment maigres, se profilaient : ombres bizarres découpées sur le ciel menaçant de pluie. Dans un même sentiment, à intervalles réguliers, ces quatre bêtes silencieuses battaient des ailes; les phoques en poussant des cris d'angoisse remontaient le petit rocher avec précipitation, comme des

personnes boiteuses, et se jetaient à l'eau.
Leurs corps gras de malades tombant comme
des cadavres mettaient un remous luisant et
nous éclaboussaient. Frissonnions-nous de ces
gouttes froides ou de la vie si triste de ces
énormes innocents?

Près de sortir du jardin, décidément recouvert par la nuit, je m'arrêtai pour y jeter un
dernier regard... C'était maintenant une grande
forêt trempée; je n'entendais plus que des
cris, des plaintes. Alors passa auprès de moi le
couple que tout à l'heure, au soleil, j'avais
distingué. « Ah! disait la jeune femme, voilà
ce qui m'effraye : vivre jusqu'à la fin de ma
vie avec le même ami. »

Sentiment trop franc, plainte d'une petite
fille bien faite pour épouvanter son confident, car elle avoue plus de confiance que
d'amour, mais parole qui témoigne admirablement des vertus du crépuscule sur tous les
êtres de toute race! C'est dans une formule
différente, l'état d'âme même que révèlent ces
pauvres otaries agitées autour de leur éternel

rocher et ces attendrissants caniches affamés d'affection. Peuples d'exilés, esclaves, l'espace n'est pas ouvert pour eux ! nulle fantaisie dont ils puissent interrompre le bien-être qui leur est imposé, et, de toutes parts, ils sentent des étrangers dont l'odeur offense leur race..... Le cri de tous ces êtres, si confus sous ces grands arbres de novembre, un groupe d'hommes, jadis, lui donna sa forme lyrique : le chant des Juifs de Babylone, au bord des eaux courantes ; c'était du milieu des ténèbres la même plainte d'asservis, le même rugissement.

Ah ! que ce crépuscule sur ce jardin a de force pour réveiller le vrai caractère de tous ces animaux et de ce cœur de femme ! Ils sont des nomades, ceux-là et celle-ci. Cœurs errants, imagination qui ne veulent pas de lois, désirs debout à l'entrée du désert !

Mais dans le même instant, et comme le hasard continuait à me maintenir auprès de ce couple, j'entendis la réponse de l'amant à sa maîtresse : « Ce qui m'effraye, avait-elle dit, c'est l'idée que je vivrai jusqu'à la fin de ma vie avec la même personne. » Et lui, après quelques minutes de silence, la consola, disant : « Mais non ; il arrive des choses, et je t'assure que je mourrai le premier. »

Certes, l'individu qui fit cette réponse ne peut prétendre à occuper un très haut rang dans l'espèce humaine. Il le faut traiter de bêta. Et pourtant, une telle réplique, qui ferait sourire au théâtre, très nettement, dans ce concours de sensibilité qu'avait organisé le crépuscule, nous assure la suprématie sur tous les animaux.

Quant à l'intensité et à l'allure dans l'expression, certes, cet homme paraîtra inférieur à tous ces animaux qui si puissamment se plaignaient ; mais il trahit un affaissement de l'instinct de conservation et par là une qualité de désintéressement que ne sont pas près d'acquérir mes chers caniches, ni les otaries plus précieuses encore.

Novembre 1892.

SUR LA DÉCOMPOSITION

A l'heure où l'on enterrait Gounod, je suis allé voir l'automne à Versailles. Négligeant son château sans cœur (mais du moins très sûr professeur de goût et qui enseigne à mépriser le trivial, les magots du Nord comme les bellâtres du Midi), j'ai donné tout le jour au plaisir d'écraser des feuilles mortes le long de ces jardins, sublimes et qui ne participent en rien des souvenirs trop pompeux du lieu. Plantés à la fin du siècle dernier, ces arbres ont grandi dans l'isolement et ne reçurent rien que de la nature. A peine si quelques sons du clavecin de Marie-Antoinette parvinrent jusqu'aux branchages courbés vers les fenêtres de Trianon, du temps qu'ils étaient de jeunes rameaux.

De ce parc où je vais chaque année, à même date, promener parmi ses somptueuses tapisseries d'octobre des sentiments trop bigarrés, je me suis associé aux funérailles de Gounod, qui eut le don des larmes. Un jour de sa jeunesse, à Vienne, quelqu'un lui désigna une allée où Beethoven était accoutumé de se promener et, les yeux fiévreux, s'adossait, toujours au même arbre, pour noter les mouvements de son génie. Gounod, dans cette allée, fit un pèlerinage. « Cet arbre ! écrivait-il ensuite, cet arbre où Beethoven s'est appuyé, qui a soutenu cette main par laquelle ont passé tant d'accents si touchants, si glorieux, si déchirants, cet arbre, pourquoi ne peut-on pas le retrouver ? » et par un trait qui m'enthousiasme, il s'écriait : « Cet arbre, n'est-il pas *presque un frère des saints oliviers !* »

Dans ces lieux qui me font sentir la puissance d'octobre, je comprends plus fortement

cette façon de sentir la vie qu'eut Gounod.
Il transformait tout en émotion. Je ne parle
pas de cette susceptibilité, délicieuse pourtant,
d'un Andersen qui pleurait sitôt qu'il n'avait
point su plaire. D'âme toujours enfantine, de
tels êtres doivent être traités en petits frères
par quelque gentille princesse dans une cour
allemande. Ils sont malades d'un jour passé
sans caresses. Mais les hommes que j'envie
sont reliés à plus de choses que n'en connaît
le vulgaire; ils associent des sensations qui
nous échappent. Aussi donnent-ils de la verve,
du cœur et du génie à l'univers. C'est pour
avoir retenu quelques parcelles de leurs indications que nous n'avons ni l'œil vitreux, ni
l'âme apathique des bêtes. Quand ils nous
disent tout ce qu'ils entendent, ils sont les
musiciens et les poètes lyriques.

Mais de cette lumière on n'est enveloppé
que dans la solitude.

Souvent les approches de la mort isolent des
hommes jusqu'alors grossiers et les courbent
de telle façon qu'ils entendent parler les

choses. Bien que Heine souvent ait ri comme un juif, peut-être eut-il, grâce à la maladie, ce cœur qui écoute, et Maupassant, après avoir écrit des monceaux de nouvelles absolument dénuées d'intérêt, communia, lui aussi, avec la nature secrète, vers le temps où il distingua sa destinée....

A cette race qui va du Tasse (tel que le concevait Lamartine) jusqu'à Mme Desbordes-Valmore, Gounod était allié. Si ses moyens d'expression ne vous touchent plus, aujourd'hui que vous êtes tout à Wagner — destiné, pourtant, lui aussi, à perdre peu à peu sa prise sur nous — écoutez les cris de ses lettres, de tous ses écrits, de sa conversation....

Nous adressons une prière à M. Jean Gounod, c'est qu'il réunisse les pages éparses de son illustre père....

Où j'aime Gounod, c'est avec les années, quand son ardeur prit quelque chose de plus mol et que son feu devenant une flamme vacillante, avec d'admirables lueurs, jeta des éclairs sur ces pieux objets d'art et d'amour, vers quoi le vieillard tendait encore ses mains tant caressées et tremblantes.

A travers les allées de Versailles, quand je suivais de cœur le cercueil de cet enchanteur des femmes, autour de nous les feuilles tombaient en tournoyant et avec un léger bruit se couchaient où pourrir. L'émouvante journée, sous un ciel violet! Je n'ai jamais connu d'enterrement où l'on goûtât avec plus de volupté le repos des choses finies.

La solitude embellit tout. Les jeunes femmes abandonnées sont plus intéressantes que les amoureuses. Pour qu'un cercueil nous donne tout ce qu'il contient de tristesses, marchons seul dans le sillage des fleurs qui le dissimulent. Les feuilles mortes de Trianon, sous le soleil épuisé d'octobre qui péniblement parvient jusqu'à elles, sentaient le chloroforme. Car c'est bien là l'odeur qu'exhalent les matinées d'automne où la nature se chloroformise, s'endort et se meurt.

Nous arrivâmes enfin au lieu sublime, la terrasse du Grand-Trianon. Sous ce ciel fin du cœur de la France, des pavillons bas, des terrasses faciles et toujours trois marches de marbre dégradé. Bois dormants jusqu'à l'horizon! et s'allongeant sous nos yeux un long bassin empli des eaux jaunâtres d'octobre! En quel endroit mieux qu'ici pourrait s'achever la destinée d'un musicien qui n'a plus qu'à restituer ses dons aux éléments?

Sous cette grande cathédrale effeuillée de Versailles et des Trianon, j'écoute, je vois; je supporte tout un torrent d'indéfinissables beautés qui passe durant des heures sur moi. C'est dans le jardin du Grand-Trianon, plus bas que la terrasse, à la droite et au-dessus du grand escalier qui descend au Canal qu'est une pelouse bien faite pour accueillir un cadavre et devant notre imagination l'épurer de ses parts répugnantes. Ici, enfin, j'accepte la mort. Seul novembre m'effraye, si noir, sans aucun désir de plaire et qui fera de la pourriture avec ces feuilles qui sous nos pas avaient un bruit de soie froissée.

Octobre 1893.

AMITIÉ POUR LES ARBRES

De la petite table où j'écris, par un coin de rideau levé, je vois, dans le jardin de mon voisin, un grand arbre, grave et patient sous la neige. Sous ce ciel bas et gris, il paraît immense; encadré par ma fenêtre, il m'emplit tout l'univers. Les semaines passent; mes idées ou mes passions que je rédige auprès de lui s'envolent en petits feuillets pour l'imprimeur, et lui aussi, à chaque saison, il a des apparences nouvelles, des manières d'être dont il se détache. Ses feuilles jonchent les allées. Côte à côte, sans cesse, nous nous transformons selon notre instinct. L'admirable force que la sienne, si sûre, si paisible! Quel modèle pour un travailleur ! Je l'aime beaucoup, d'une amitié paisible et hygiénique.

La Société contre la vivisection m'a fait l'honneur de m'inscrire parmi ses membres, et certes je suis heureux de protester avec ces messieurs contre tant d'injures faites aux bêtes. Mais les arbres, leur santé, leur beauté, voilà aussi un souci passionnant ! Ces chiens que nous vivisectons aujourd'hui par curiosité de désœuvrés, c'est l'alliance qu'ils conclurent jadis avec nos ancêtres qui permit à l'humanité de résister aux grands fauves, à ces frères singes dévorés d'envie (comme c'est encore la coutume dans notre société) contre celui qui semblait décidément les dépasser. Mais dans les branches des arbres nous avons habité; ils nous nourrissaient et nous protégeaient. Bêtes et arbres valent également pour nous servir.

Bien portants et tout livrés aux intrigues de notre milieu, nous pouvons aimer l'amour, la haine, l'ambition, toutes les passions, les intrigues même ! Mais viennent quelque fatigue, des dégoûts, et alors, avouons-le, les choses naturelles nous donnent plus de plaisir que toutes ces combinaisons de civilisés. C'est un des hommes les plus curieux et les mieux renseignés sur les peuples et sur les siècles qui l'avoue : « Rien ne me semble égal aux montagnes, à la mer, aux forêts et aux fleuves », dit M. Taine. Rien dans ma mémoire ne passe en émotion agréable un âne que je vis à Cadix sous un magnolia en fleurs.

En feuilletant un atlas (et quelle distraction plus passionnante !) ma curiosité se reporte toujours vers les antiques pays d'Asie, aux vallées caucasiennes et dans l'Arménie. Quelle ivresse ce serait, en dépit des scorpions cachés entre les pierres, de jouir de l'air frais du soir, à Etchemiadzin, auprès de la butte qu'on dit être le tertre funéraire de Noé, et de contempler le formidable Ararat, tout blanc de neige et strié de lave noire !

« Sans les enseignements qui nous furent donnés par les Asiatiques de ces contrées, disent les géographes, sans les métiers que nous léguèrent ces devanciers, les plantes et les fruits qu'ils nous apprirent à cultiver, les amis et les aides qu'ils nous firent dans le monde animal, nous nous trouverions encore dans la barbarie la plus profonde. » Combien j'aimerais accomplir là-bas un pèlerinage !

Régions où la bête humaine atteignit à l'humanité, conclut ses premiers grands pactes : le dressage, la culture ! Quel fervent petit livre on en rapporterait, avec des couplets, des rêveries, tout un appel à ces mystérieuses intuitions qui, parfois, nous ramènent si profond vers les lointaines origines de notre Moi ! Avec un tour d'esprit un peu hégélien, ah ! qu'il ferait beau philosopher dans ces tristes auberges de la plaine, où gémissent seules des hyènes assises comme de gros chats sur les tombes.

Des personnes compétentes affirment que, n'était la brutalité de l'homme dans nos étables, toutes les bêtes ou presque toutes consentiraient à y entrer. Incurie qui n'est pas moins désolante, dans les jardins du Caucase se trouvent en abondance des fleurs et des fruits jusqu'ici inutilisés et auxquels les horticulteurs de l'Orient donneraient facilement une saveur exquise. Pauvres plantes délaissées ! Mais ce n'est pas seulement de leurs variétés que nous nous privons, nous négligeons aussi des ressources morales qu'elles nous offrent et que je voudrais exposer.

Les personnes sentimentales ont trop peu l'habitude de former sur les plantes des associations d'idées amicales. Pour ce qui est des bêtes, nous passons des journées à interpréter comme des témoignages de sympathie des actes qui, dans l'intention de leurs auteurs, sont tout à fait indifférents : un chien qui donne la patte ne nous témoigne pas plus d'amitié qu'une plante doucement courbée et qui embaume, qu'un cerisier qui tend ses cerises. Les uns et les autres nous font plaisir il faut bien l'avouer, sans le savoir.

Ce malheureux Chambige, qui joignait à une imagination brillante une absolue incapacité à user des réalités, préparait un livre dont je ne sais rien que le titre, *l'Ame intransmissible*, mais où il développait évidemment que jamais deux êtres ne peuvent se connaître. Nous sommes murés dans un affreux isolement. Nous ne connaissons guère mieux l'essence de notre maîtresse, de notre ami, que le secret d'un chien ou d'un pommier.

Mais si l'humanité a pris l'habitude d'interpréter comme des témoignages d'affection tous les services et toutes les flatteries dont nous fait jouir un bon animal, pourquoi en user avec moins de complaisance à l'égard des plantes?

En Espagne, j'ai recueilli une touchante histoire où une fleur joue un rôle non moins délicat que fut le chien de Montargis, célèbre, je crois, par les consolations qu'il donnait à son maître.

Il s'agit d'un moine qui passait pour hébété. Il ne savait qu'une seule messe et la répétait tous les jours. Les enfants se moquaient de lui dans les ruelles de Tolède, parce qu'il voulait les bénir et ne trouvait pas ses termes, quoiqu'il eût plein le cœur de bons sentiments. Même des débauchés lui apprirent des termes grossiers comme à un perroquet, et il scandalisait. Enfin les personnes pieuses, dégoûtées de lui, se réjouirent qu'il mourût, et on l'enterra vivement, dans un lieu sans honneur. Mais Notre-Dame apparut à l'un de ceux qui s'étaient félicités de cette mort, et ordonna qu'il fût exhumé et enseveli plus convenablement. On trouva le corps intact, et de sa bouche fleurissait une belle fleur embaumant!

O petite fleur aussi touchante que le chien qui lèche les mains de son maître humilié!

L'humanité s'est beaucoup privée, en ne croyant pas les plantes susceptibles d'affection. Il fallait nous faire à leur endroit l'illusion que nous nous sommes composée sur les bêtes. Je crois qu'il en fut ainsi dans les époques primitives, alors que l'homme dans l'univers commençait à se tirer du pair.

Précisément une de mes méditations, si je passais quelques semaines en Arménie, serait pour regretter l'excessive fierté d'hommes où nous a conduits la civilisation issue de ces profondes plaines. C'est une formule consacrée dans les Sorbonne de célébrer le triomphe des

« libres Hellènes » sur « les hordes de Darius, et de Xerxès » comme la révélation de la dignité humaine. De là date la notion de l'individu. L'homme fut glorifié, divinisé. Je veux bien. Mais si j'allais dans ces pays, malgré tout un peu pénibles, ce ne serait pas pour y transporter mes préjugés d'école. Je me demanderais si quelque chose n'a pas sombré de cette large civilisation commençante dont la Grèce a recueilli et cultivé des parcelles. En poussant si haut la race humaine, on a laissé en arrière, opprimés et dégradés, les autres êtres. Et, pour parler plus exactement, en nous léguant un sentiment si hautain de la qualité d'homme, on a atrophié l'imagination que nos ancêtres se faisaient de la vie universelle.

Ainsi pour ce Xerxès, tant molesté par l'opinion universitaire, je me sens un goût vif. Il possédait une puissance et une largeur de mélancolie que les Grecs et nous tous n'avons pas héritée. Certes, il se faisait de la liberté individuelle et surtout de l'égalité un sentiment que nos démocraties réprouveraient, mais il avait un sens de la fraternité des êtres qui, depuis, s'est totalement perdu. Se rappelle-t-on l'admirable anecdote que rapporte Hérodote? Traversant ces régions avec l'immense armée qu'il menait contre la Grèce, Xerxès rencontra un bel arbre, et il fut saisi de tant d'admiration et d'amour qu'il voulut lui passer aux branches ses bracelets et ses colliers. Puis il lui donna pour le servir un homme *immortel*, c'est-à-dire qu'on remplaçait de décès en décès.

Ah! la noble histoire et d'une qualité d'émotion qu'on retrouve parfois dans les sombres parcs humides des petites villes d'Allemagne, ou dans Grenade qui ne vaut que par ses ombrages merveilleux sous un ciel desséchant! Aimons les arbres.

Janvier 1893.

HAMLET EN SALM-SALM

> Le 10 septembre 1893, la petite ville de Senones, ancienne capitale de la principauté de Salm-Salm, a célébré le centenaire de sa réunion à la France.
> (*Les journaux.*)

J'aime ces étroits domaines, ces petites cours anémiées d'Allemagne. C'est un instant de la civilisation désormais dépassé, il faut en prendre son parti, mais je ne puis dédaigner leurs mérites abolis. On n'y développait pas de grandes énergies, d'âpres vertus; mais certaines élégances et une douceur générale ne se virent que là. En art, ces petites cours exaltent le bibelot, mêlent le confort au décor (c'est la supériorité de la cour de Saxe sur Versailles); en politique, elles tempèrent de bonhomie familiale l'exercice du pouvoir absolu. Certaines qualités superflues mais charmantes, certains raffinements n'apparurent qu'entre ces étroites frontières où la difficulté de respirer largement formait peu à peu des plantes humaines très particulières. On vit dans ces principautés, à la fin du siècle dernier et jusqu'en 1820, des grandes dames plus cultivées que spirituelles, plus adoucies par l'esprit de famille qu'ennoblies de l'esprit de race, mais qui créèrent cet esprit romanesque allemand si gracieux et touchant dans son premier soupir et avant qu'on le vulgarisât.

Je viens de faire le tour, le très petit tour de cette principauté. Dans une étroite vallée, délicieuse de sauvagerie, je me suis arrêté à Senones, jadis capitale des princes et qui dans leurs châteaux a installé des tissages.

Princesses de Salm-Salm! Quel joli nom, caressant et ironique comme une chanson de Henri Heine. Évadées de leur domaine-bibelot, je les imagine aventureuses et séduisantes à la cour de Vienne, à Prague, dont leurs lettres me disent qu'elles furent les hôtes assidus! « Ma mère me parlait souvent des princesses de Salm-Salm », me dit une vieille dame du pays. Mais la nuit a envahi toutes les images que gardaient de leurs ci-devant suzerains les *principautois*. Même elles ne deviendront pas fées, comme c'est pourtant le droit de toute princesse qui meurt. Les garçons de Senones entendent bien mal leurs plaisirs, puisque à vingt ans ils ne rêvent pas de rencontrer, au détour des sentiers, les princessses de Salm-Salm, sous les sapins d'odeur si enivrante.

D'elles tout est mort. Au jardin des princesses, je n'ai pas trouvé une fleur qu'elles eussent pu aimer. Dans leurs parterres on a creusé des étangs, qui n'y mettent même point de mélancolie, car ils servent de réservoir aux fabriques. Voilà Senones, voilà l'antique capitale de Salm-Salm devant le visiteur.

A remuer la poussière des archives, satisferons-nous mieux notre besoin de romanesque? Dans ces vieux papiers, nul roman historique, aucune aventure de passion qu'un poète puisse ranimer.

Cette famille, pourtant, fut de forte sève; on n'y avait jamais moins de douze enfants;

les hommes professaient alternativement le luthérianisme, le catholicisme romain, selon qu'avec plus de profit ils pouvaient se louer à l'un ou à l'autre parti. Mais les champs où ils bataillèrent sont demeurés des noms de villages sans gloire. Bien que durant huit siècles historiques ils se soient agités comme personne, ils eurent ce désagrément que leurs actes n'entraînassent point de grandes conséquences. Les longs démêlés des seigneurs de Salm avec l'abbaye de Senones sont aussi fastidieux que les querelles de propriétaires disputant avec âpreté et mauvaise foi sur des bornages et des enclaves. Quant aux princesses, dans les lettres qu'elles orthographient comme des cuisinières, il n'est question que de provisions de saindoux et de costumes à commander aux fils. De ces rudes gens je ne pourrais rien raconter qui fût moins froid que leur épitaphe sur les dalles écussonnées.

Après trois jours passés parmi eux, les Salm-Salm devant mon souvenir ne sont pas des individus, mais une famille, et comme on fit en 1821, l'histoire réunit tous leurs ossements dans un même charnier. De l'escalier d'honneur de leur château, on arracha la rampe pour en faire la grille qui ferme leur chapelle funéraire. Acte de philosophie, plutôt que de vandalisme. La rampe ne conduit plus nulle part, c'est la clôture d'une tombe. Hier, *quo non ascendam !* Aujourd'hui, *Requiescant in pace.* Et de Senones, les guides, à juste titre, écrivent — comme Bædecker de la plage d'Hamlet : « Elseneur, Senones, vieilles petites villes commerçantes ».

Pourquoi ce rapprochement entre ces deux bourgades lointaines s'impose-t-il à mon imagination ? Parce que c'est bien une volupté de qualité hamlétique que je trouve dans cette atmosphère de l'ex-principauté.

En cet endroit, bien mieux qu'à Elseneur qui doit tout à la complaisance d'un poète, je touche un cas de cette mélancolique impuissance immortalisée par Hamlet : le trébuchement d'une race incapable d'exécuter ce que lui commande son hérédité.

A travers les huit siècles de la famille de Salm-Salm, ce qui m'intéresse, m'émeut, c'est l'instant fatal, 1791, où disant, eux aussi : « Il y a quelque chose de pourri en Danemark », ils abandonnent leur château, leurs droits, leurs devoirs, et manquent à l'ordre des aïeux. Combien supérieure à l'anecdote d'un jeune homme qui ne sait ni épouser sa fiancée, ni venger son père, cette réelle histoire des Salm-Salm, chassés de leur principauté vers ce château d'Anholt, où ils s'abritent encore ! Anholt, vaste château près d'un triste étang de Westphalie !

... Dans toute cette fin du xviii° siècle, les Salm-Salm avaient été harcelés de besoins d'argent. Leur correspondance inédite n'est que doléances à ce sujet. Ils s'efforçaient de tirer des subsides de l'Empereur à Vienne, et leur intendant de Senones se faisait exécrer pour ses exigences. En 1791, les états généraux de la principauté rédigèrent des « cahiers » ; de quoi le prince fut stupéfait. Nous avons, écrite de sa main même, la réponse qu'il leur fit. Notons le style qui est celui-là même qu'emploient aujourd'hui encore les écrivains « réactionnaires ». Les idées nouvelles y sont traitées de « conseils perfides qui ne tendent qu'à briser tous les liens de la subordination et à secouer l'entente légitime et salutaire pour y substituer le désordre et l'anarchie, qui sont le plus cruel fléau des gens de bien ». Le prince se plaint de l'insubordination générale; du mépris qu'on montre à son autorité dans la personne de ses gardes qui, partout et à toute heure, sont insultés. On le sent débordé. Il cède sur tous les points, « même aux dépens de ses revenus ». S'il garde une certaine noblesse, c'est par l'excellent ton de sa rédaction. Mais la parfaite douceur de cet homme impuissant satisfait mal chez le descendant des « sauvages seigneurs du Rhin ». D'ailleurs, cinq mois plus tard, le prince quittait sa principauté avec les siens et la famille de son intendant, tous hués, et peut-être en danger de mort.

Ce fut une période confuse de dix-huit mois, jusqu'à 1793, où, pressée par la famine, et sous prétexte d'échapper au décret de la Convention qui interdisait l'exportation des grains, même dans les enclaves de la République, la principauté se donna à la France. Le fameux Couthon fut délégué par la Convention à Senones. La milice du prince devint la gendarmerie; c'est entre les mains d'un homme nouveau qu'on paya les anciennes redevances. Puis Couthon adressa à Paris un rapport fort beau de jeune énergie et de foi. C'est là, désormais, qu'était la vigueur, la juste et réelle impériosité.

Que faisait-il, le pauvre prince Constantin, « le ci-devant tyran »? Quels impuissants pensers l'obsédaient? Ce Salm-Salm s'attardait-il à écouter la voix de ses aïeux, comme Hamlet aux remparts d'Elseneur? Je le soupçonne de n'avoir vu là que la perte d'un revenu (cinquante mille francs de rente environ). La diète de Ratisbonne, plus tard, lui fit l'aumône de quelques parcelles sur la rive droite du Rhin.

Napoléon le déclara membre de la Confédération germanique. En 1815, naturellement, il reparut à Paris. Que n'espérait-il pas! Vers 1820, il envoyait mille francs à la commune de Senones, qui lui répondait fort poliment. En 1826, on l'expulsa de France. Le vieillard en fut étonné, car il tenait assurément le désir d'être restauré comme une preuve de dévouement à la maison de Bourbon.

Ses petits-enfants sont officiers dans l'armée allemande. Ils ont si fort délaissé leur héritage qu'ils n'en possèdent même plus les parchemins, je le sais.

A Senones, le 10 septembre 1893, j'ai vu célébrer tout à la fois la bonté des princes de Salm-Salm, les traditions locales, Couthon et la France. Quelle force admirable d'oubli, de réconciliation et d'indifférence il y a chez les petits-fils!

Cette vaillante population de Senones a toujours aimé à danser. En 1791, la princesse régnante étant accouchée d'un fils, la municipalité décidait une messe solennelle, de la musique, le son des cloches et, le soir, le bruit des *boîtes* et illuminations. C'est le programme même du 10 septembre 1893. Nul doute que les *boîtes* qui servent cette fois-ci ne soient précisément celles qu'on tira pour le prince et pour Couthon.

Il est seulement fâcheux que le chef de Salm-Salm n'ait pu faire le voyage d'Anhalt à Senones. Très probablement, à la droite du frère de M. Jules Ferry, M. Charles Ferry, député de la circonscription, il eût été le héros de la fête. En outre, il aurait vu réunis dans un petit musée occasionnel des objets de sa famille qu'il n'aura plus l'occasion de rencontrer. Ce n'est pas, toutefois, qu'ils soient perdus : le musée de peinture d'Épinal est précisément la collection de tableaux des princes de Salm-Salm ; leur correspondance de famille, reliée en trois gros volumes, appartient à la bibliothèque de Nancy ; leurs portraits sont épars chez les revendeurs juifs de la région, et comme leurs châteaux sont utilisés par des industriels senonais, une bonne partie de leurs bibelots satisfont également des gens de goût du pays. Sous la vitrine de l'exposition, il y avait un joli fusil catalogué : « Fusil d'une princesse de Salm ». En somme, tout cela légitime ce que disent les annalistes locaux ; les Salm-Salm ont laissé de bons souvenirs dans la région.

Je ne sais si le lecteur apprécie ce qu'il y a d'ironie, de confusion et de haut divertissement dans la philosophie avec laquelle les intéressés interprètent successivement les événements et peu à peu mêlent les nuances, mais dans ce microcosme, on peut goûter un beau témoignage de ce que valent la « justice immanente » de l'histoire et la « clairvoyance de l'opinion », et surtout on y vérifiera que le succès, c'est toujours la justice et le droit, même aux yeux des battus. Or, pour ma part, je jouis infiniment de chacun de ces détails.

LE REGARD SUR LA PRAIRIE

A Émile Gallé, Nancéien.

Dans cet héroïque *Parsifal*, ce qui nous forçait à pleurer, ce n'est point la souffrance d'Amfortas, son cri et ses mains amaigries, dont il presse la plaie de son pauvre cœur d'homme. Ce n'est pas non plus l'ardeur de Gundry qui, pour séduire Parsifal, mêle à ses pleurs de femme dévêtue et passionnée le souvenir d'une mère morte de chagrin : « Mon amour t'offre, ô joie amère, l'adieu suprême de ta mère dans l'ardeur du premier baiser! » Trouble ivresse, où le remords se confond avec le désir. De son geste si mol, Gundry essuie-t-elle des pleurs, caresse-t-elle? Nous en étions tout haletants.... Et pourtant ce n'est pas cela qui nous fondit le cœur.

Puis ce fut la chute des fleurs, quand s'écroule l'empire de Klingsor et le monde des vaines apparences. Qu'elle était triste et belle cette pluie dont tout le sol parut parfumé et fané! C'était faire litière de tout ce qui est le meilleur chez tant d'êtres élégants et fins. Vous voilà, roses, dont les plis empêchaient de dormir le jeune homme de Sybaris, lourd *sacred lotus* dont le rude soldat se grisa entre les seins et dans les cheveux de la reine d'Égypte, iris des étangs et ményanthes, fleurs des lunes, corolles de dentelles, qu'effeuillait la jeune Ophélie, et vous, récents hortensias! Beautés imaginaires, combien nous fûmes émus quant Parsifal rompit votre charme! Mais pour persister nous trouvions de la force.

Gundry, de ses cheveux, essuya les pieds de Parsifal, et son cœur, qu'elle humilie volontairement, évoqua la Madeleine, de qui nous tous, enfants chrétiens, dès les premiers catéchismes, fûmes si follement amoureux.

Traits sublimes qui nous faisaient pâlir de plaisir, mais à l'orchestre, aux héros, au poète, nous disions : « Prodiguez votre génie plus avant notre cœur! nous sommes capables de supporter encore. »

Alors ce fut notre limite : Gundry, remontant au fond de la scène, s'accouda sur la barrière et, sans parler, contempla la prairie. Immortelle minute, bénéfice qui ne saurait se perdre, point suprême où se dissipe tout notre émoi voluptueux pour que nous soyons exténués de sublime !

D'où cette paix qui contente divinement ton cœur, Gundry?

A travers les siècles, quelques héros déjà la ressentirent, et, comme tu fais avec nous, la dispensèrent à l'humanité.

C'est l'apaisement de Socrate dans sa prison et de Celui qui se releva au Jardin des Oliviers.

Durant leur silence, l'un et l'autre qu'avaient-ils médité? Socrate, longuement, contemplait Athènes; il avait jugé qu'il ne convient pas à un citoyen de se soustraire aux lois, même injustes; il se sacrifiait à la cité. Ceux qui suivirent les yeux de Jésus les virent levés vers le ciel; il invoquait son Père et se sacrifiait à la volonté divine.

Mais toi, qu'as-tu vu sur la prairie, regard de Gundry? — Des fleurs sauvages, des simples et qui suivent la nature.

Dans cette prairie, nous ne voyons ni l'olivier mystique des religions, ni l'olivier des légistes, le symbole de Minerve. Ni une cité, ni un Dieu qui nous imposent leurs lois. Gundry n'écoute que son instinct. « Un pur, un simple qui suit son cœur, » c'est le mot essentiel de Parsifal.

Cette prairie, où rien ne pousse qui soit de culture humaine, c'est la table rase des philosophes. Wagner rejette tous les vêtements, toutes les formules dont l'homme civilisé est recouvert, alourdi, déformé. Il réclame le bel être humain primitif, en qui la vie était une sève puissante. Ah! la vie, elle emportait alors chacun vers sa perfection. L'homme ne lui résistait pas. Chacune de ses actions épanouissait les mouvements de son cœur.

Le philosophe de Bayreuth glorifie l'impulsion naturelle, la force qui nous fait agir avant même que nous l'ayons critiquée. Il exalte la fière créature supérieure à toutes les formules, ne se pliant sur aucune, mais prenant sa loi en soi-même.

Par son sacrifice, Socrate promulgue les lois de la Cité. Jésus la loi de Dieu, l'amour.

Que fondent Gundry, Tannhauser, Tristan, héros déchirants de Wagner? Les lois de l'Individu.

Une seule loi vaut : celle que nous arrachons de notre cœur sincère. Pour nous diriger dans le sens de notre perfection, nul besoin de nous conformer aux règles de la Cité, de la Religion. Un citoyen? un fidèle? Être un individu, voilà l'enseignement de Wagner.

Mais que nul ne s'y trompe. Ce n'est point une doctrine de jouissances faciles. La culture du Moi, aussi bien que le culte de Dieu et de la Cité, exige des sacrifices.

Il ne faut pas subordonner notre propre nature à aucune autre. Il ne faut point contenter nos aspirations avec aucun objet indigne.

C'est la souffrance d'Amfortas de s'être satisfait d'une femme qui n'était pas digne d'être aimée. C'est aussi le tort du chevalier Henri Tannhauser au Venusberg; il atteint à la perfection quand il aime Elisabeth, parce que celle-là seule était capable de contenter la qualité d'amour pour laquelle il était né. Et le crime de Gundry, elle-même, fut de contredire son Moi. Née pour la pitié, elle ricana, par orgueil, par fausse honte peut-être, sur le passage du supplicié qui gravissait le Calvaire. Elle acceptait ainsi les façons de voir de ses concitoyens; elle sera maudite jusqu'à ce qu'elle ait satisfait sa véritable nature qui est de s'humilier par amour.

Wagner enfin, cet effréné individualiste, fut-il — comme aimeraient à le prouver les adversaires de notre religion du Moi — fut-il un jouisseur incapable de sacrifice? Référez plutôt à toute sa biographie.

Il ne permit jamais à son être intérieur de se détourner de sa destinée. Pour y rester fidèle il sacrifia tout désir de jouissances immédiates, car ces jouissances positives de la vie, il ne pouvait les acquérir qu'en soumettant ses facultés essentielles, ses instincts d'art, à des exigences déformantes : au goût du public, au sentiment du plus grand nombre. Wagner s'est détourné avec dégoût du *siècle*, comme disent les mystiques. Et non point qu'il fût un mystique, mais son désir était tel qu'il ne trouvait pas à se satisfaire dans la médiocrité des réalités. Et il eut cette noblesse (à l'encontre d'Amfortas) de ne point vouloir de cette diminution de son idéal — car il en eût ressenti une souffrance qui eût empoisonné sa vie.

Pages du *Phédon*, récit du *Jardin des Oliviers* qui êtes les points de ralliement de l'élite humaine, *l'Enchantement du Vendredi-Saint* vous vaut. Aux hommes dans leurs heures d'angoisse, vous avez donné la force de maintenir quand même leurs actes d'accord avec leur idéal; vous invitez ceux-ci à s'incliner toujours devant les lois de la Cité, et ceux-là à accepter la volonté divine. *Révélation, Contrat social*, ce sont les moyens par où, jusqu'à cette heure, l'humanité se dirigea vers sa perfection; eh bien, le prophète de Bayreuth est venu à son heure pour collaborer à la préparation du *Culte du Moi* qui se substituera à ces formes usées et enseignera le renoncement en vue du mieux à ceux qui n'entendent plus les dogmes ni les codes.

Allons à Wahnfried, sur la tombe de Wagner, honorer les pressentiments d'une éthique nouvelle.

Août 1892.

TABLE DES MATIÈRES

Dédicace. v
Sur la mort d'un ami à qui ce livre est dédié. 1

IDÉOLOGIES PASSIONNÉES

Un amateur d'âmes. 15
Les deux femmes du bourgeois de Bruges. 57
Le secret merveilleux. 69
La haine emporte tout 77
Examen de conscience du poète 87
De la volupté dans la dévotion. 97

EN ESPAGNE

Excuses à Bérénice 115
Sur la volupté de Cordoue. 125
Les bijoux perdus. 135
Une visite à Don Juan 141
Le page des chiens courants. 151
A la pointe extrême d'Europe 191

EN ITALIE

Les jardins de Lombardie. I.	175
II. Le roman du lac de Côme.	183
III. Les colombes borromées.	190
Une visite au Vinci	197
L'automne à Parme	209
Dans le sépulcre de Ravenne.	217
Une journée à Pise	227
Les beaux contrastes de Sienne.	235
L'évolution de l'individu dans les musées de Toscane.	247
I. Exister.	248
II. Se créer un univers.	257
III. Se jouer.	268

DANS LES PAYS DU NORD

Le crépuscule chez les animaux	281
Sur la décomposition.	289
Amitié pour les arbres	295
Hamlet en Salm-Salm.	305
Le regard sur la prairie	317

28981. — PARIS, IMPRIMERIE LAHURE
9, rue de Fleurus, 9

www.ingramcontent.com/pod-product-compliance
Lightning Source LLC
Chambersburg PA
CBHW060651170426
43199CB00012B/1745